당당한 비즈니스 일본어

면접 편

내가 필요한 비즈니스 스킬만 쏙쏙 골라 배우자!
한 권으로 가볍게, 언어와 스킬을 동시에 배우는 직장인의 **필수 교재!**

당당한 비즈니스 일본어 - 면접
© Carrot House

All rights reserved. No part of this publication may be reproduced,
stored in a retrieval system, or transmitted in any form or by any means
without the prior permission in writing of Carrot House.

Printed: February 2020
Author: Carrot Language Lab

ISBN 978-89-6732-306-6

Printed in Korea

Carrot Global Inc.
9F, 488, Gangnam St. , Gangnam-gu, Seoul, 06120, South Korea

당당한 일본어 교재 시리즈 Curriculum Map

CARROT 레벨	1	2	3	4	5	6	7
JLPT 등급	N5	N5	N4	N3	N3	N2	N1
일반 회화	입문	입문	기초				
비즈니스 스킬				비즈니스 Basics			
				비즈니스 면접	비즈니스 면접		
				비즈니스 출장	비즈니스 출장		
				비즈니스 미팅	비즈니스 미팅		
				비즈니스 이메일	비즈니스 이메일		
				비즈니스 프레젠테이션	비즈니스 프레젠테이션		

CARROT HOUSE

01 머리말

❋ 일본에 대한 이해

일본(日本)은 태평양에 위치한 동아시아의 섬나라로, 일본의 국호(日本国)는 한자로 '태양이 떠오르는 곳'이라는 의미이다.

일문 국명 | 日本
영문 국명 | Japan
수도 | 도쿄(東京)
행정구역 | 1도(都, と) 1도(道, どう), 2부(府, ふ), 43현(県, けん)
국토 면적 | 약 37.8만㎢ (한반도의 약 1.7배)
지리 | 4개의 큰 섬과 약 4천여개의 작은 섬 (홋카이도, 혼슈, 큐슈, 시코쿠)
언어 | 일본어
화폐 | 엔(円)
정치 제도 | 민주주의, 입헌군주제
인구 | 약 1억 7천만명 (2019년 통계청 기준)
GDP | 약 4조 9천억달러 (세계 3위) (2018년 통계청 기준)
주요 종교 | 신도(神道), 불교, 기독교

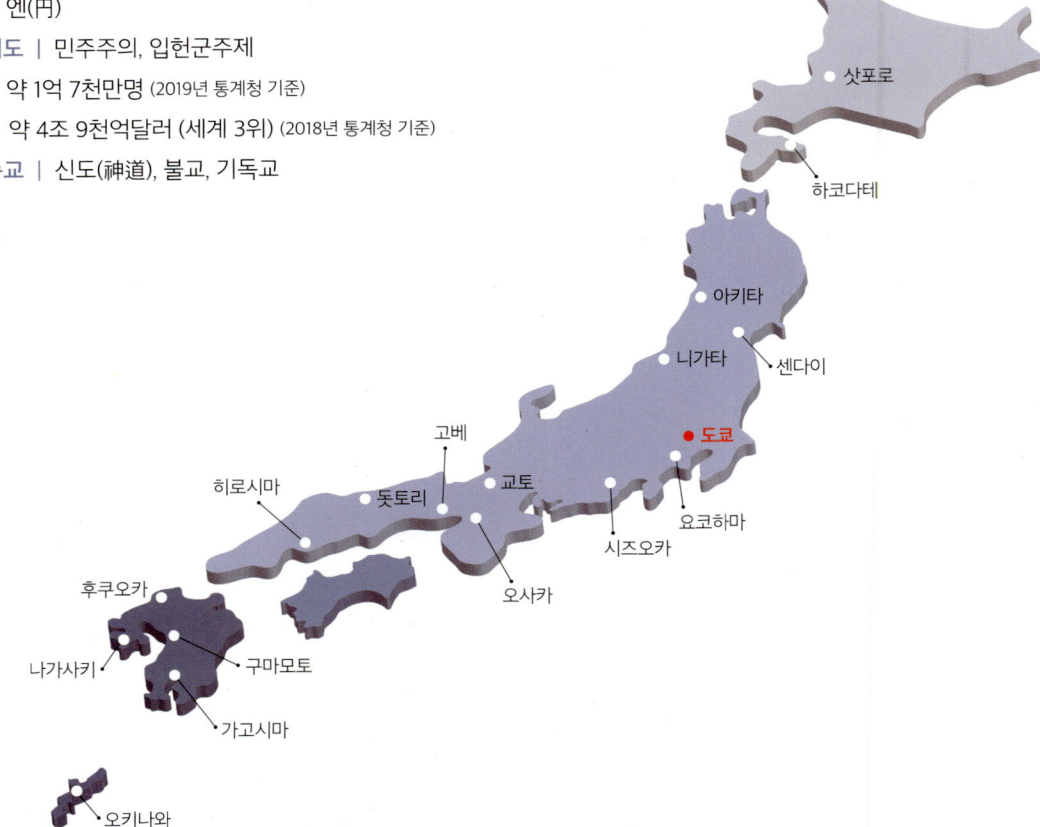

02 캐럿 하우스 방법론

❂ 성인 교육학적 접근과 표현언어 스킬

교육학은 학습자들로 하여금 생각을 한 곳으로 모으게 하고 학습 훈련을 지속적으로 강화하는데 그 목적이 있습니다. 아동을 대상으로 하는 교학(pedagogy)과 성인을 대상으로 하는 교육(and·agogy)의 특징 및 과정은 분명 다릅니다. 기존의 아동 대상 교육이 주입식, 암기식, 교사 중심의 교육이라면, 성인 교육은 상대적으로 자유로운 학습 환경 속에서 다양한 생각과 행동적 학습이론을 추구할 수 있는 자발적, 지속적, 학습자 중심 교육이라고 볼 수 있습니다. 캐럿 하우스 커리큘럼은 이러한 성인 교육학적 접근을 바탕으로 과제 해결 및 의사소통 중심의 학습활동을 구성하여 학습자의 참여도를 이끌어냅니다.

사실, 대다수의 사람들은 외국어를 학습할 때 의사소통 능력을 키우기 위해 노력합니다. 그러나 외국어로서의 일본어 교육은 아직까지도 수용언어 - 즉, 듣기와 읽기 학습을 중심으로 이루어지다 보니 의사소통 능력을 키우는 데 한계가 있습니다. 한편, 표현언어 - 즉, 말하기와 쓰기 능력이 잘 갖춰진다면 의사소통 역량을 마음껏 발휘할 수 있을 것입니다. 바로 이 점이 학습자들의 언어의 표현적 기능을 향상시키는 캐럿 하우스 커리큘럼만의 비결이라고 생각합니다. 캐럿 하우스 커리큘럼이 제시하는 성인 교육의 특징은 학습자들이 스스로 표현 및 소통 역량을 향상시킬 수 있도록 하는 외국어 학습 경험을 제공한다는 점입니다. 이렇듯, 캐럿 하우스의 교수철학과 커리큘럼은 모든 일본어 학습자들의 "성공을 위한 언어"라는 목표를 이룰 수 있도록 구성되어 있습니다.

❂ 의사소통 중심 언어학습법

언어 습득의 필수 요소인 의사소통 상호 작용은 단순히 원어민이 이끄는 식상하고 의미 없는 흥미 위주의 대화를 통해 일어나는 것이 아닙니다. 숙련된 교사가 학습자에게 적절한 컨텐츠를 제공하여 협의된 상호 작용을 통해 일어나는 것입니다. 이 때, 학습자도 자신에게 주어진 학습 기회를 최대한 활용할 수 있습니다.

특히, 의사소통 중심 언어학습법은 외국어 습득론 분야에서 활용되는 방법으로, 언어를 보다 실용적으로, 보다 실감나게, 보다 기능적으로 사용하기 위한 학습자들에게 최적화 되어있다고 볼 수 있습니다.

당당한 비즈니스 일본어 시리즈

Basics   면접   출장   미팅   이메일   프레젠테이션

03 이 책의 구성

🌸 주요 학습대상

당당한 비즈니스 일본어 면접은 주입식 형태의 비즈니스 일본어 교재의 틀을 깨고, 초중급 수준의 학습자도 부담 없이 비즈니스 일본어를 학습할 수 있도록 구성된 교재입니다. 특히, 일본 회사에 입사하고자 하는 취업 준비생이나 일본어로 진행되는 면접 상황을 대비해야 하는 성인 학습자들에게 안성맞춤인 교재입니다.

🌸 교재 활용법

학습 목표 & 주요 패턴
각 과의 학습 목표와 주요 패턴 3가지를 확인하여 이번 과에서는 무엇을 배울 것인지, 학습효과는 무엇인지 알아볼 수 있습니다.

이미지 토크
실감나는 비즈니스 현장의 이미지를 보며 주어진 키워드를 활용하여 사진을 묘사한 후, 주제와 관련된 도입 질문으로 이야기 해 봄으로써 사전 언어 지식을 충분히 활용할 수 있도록 구성하였습니다.

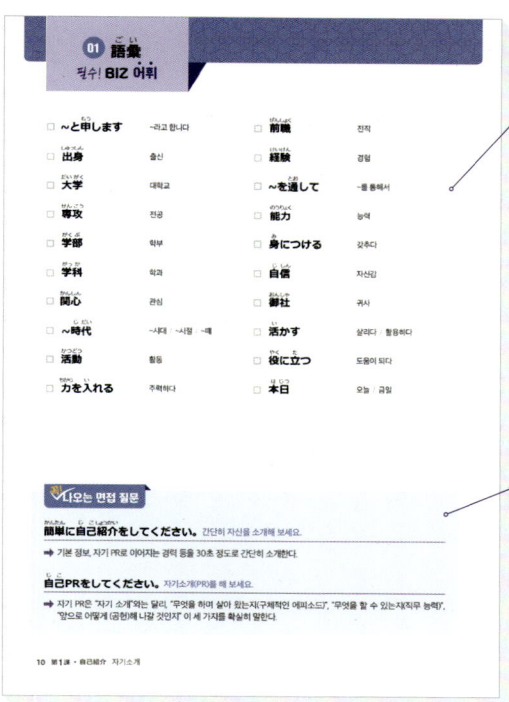

필수! BIZ 어휘

각 과의 주제와 관련하여 자주 사용되는 어휘를 엄선하였습니다. 각 어휘 앞의 체크박스를 활용하여 빠짐없이 완벽 학습할 수 있도록 체크합니다.

꼭! 나오는 면접 질문

각 과의 주제와 관련하여 가장 빈도 높게 출제되는 면접 질문 2개를 엄선하였습니다. 답변 구성 시 알아두면 좋은 답변 순서 및 내용에 대한 저자의 Tip을 엿볼 수 있습니다. 또한, 본문에서 심층 학습하게 될 주제이기도 하므로 학습자들은 무엇을 배우게 될 지 미리 알아볼 수 있습니다.

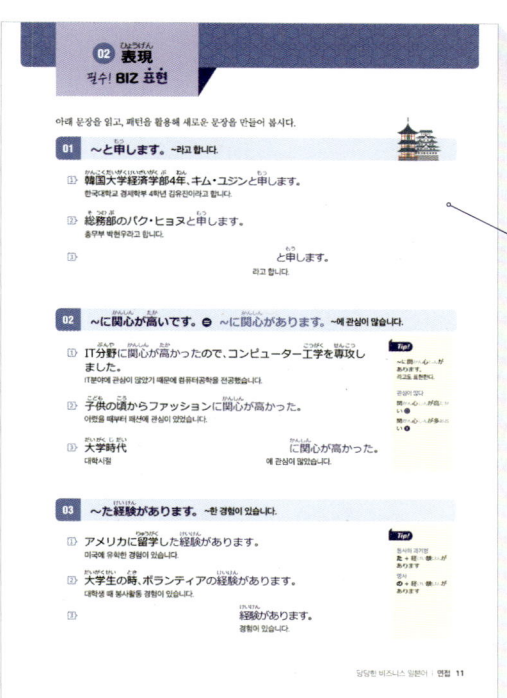

필수! BIZ 표현

주요 패턴에서 소개된 문형 3가지를 심층 학습하는 코너입니다. 2개의 예문과 Tip을 학습하고, 직접 예문을 만들어 봄으로써 비즈니스 상황에 맞는 격식 있는 표현을 체득하게 됩니다. 또한, 회화 본문에 3가지 표현이 포함되어 학습의 연계성을 높였습니다.

당당한 비즈니스 일본어 | 면접 **07**

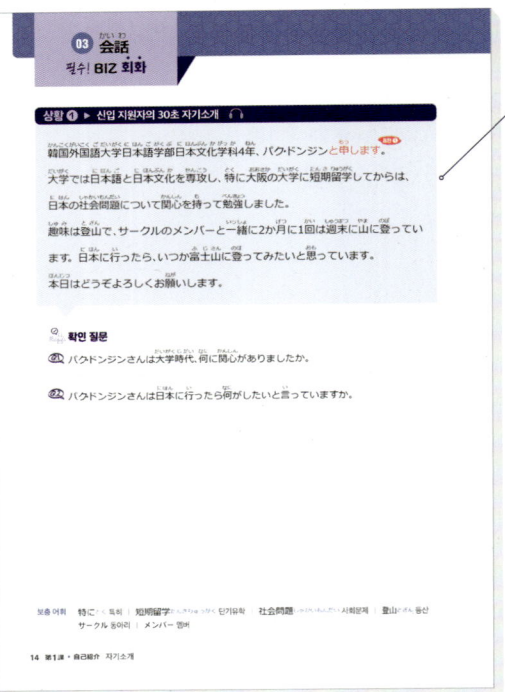

필수! BIZ 회화

각 과마다 주제와 관련된 2가지 상황을 엄선하여 실전 모범 답변을 수록하였습니다. 모든 회화문은 mp3 음원을 다운 받아 듣기 학습이 가능하며, 본문 학습 후에는 확인 질문에 답해 보며 내용을 제대로 이해하였는지 체크할 수 있습니다. 또한, 페이지 하단에 보충 어휘를 제시하여 본문을 바로 이해할 수 있도록 하였습니다.

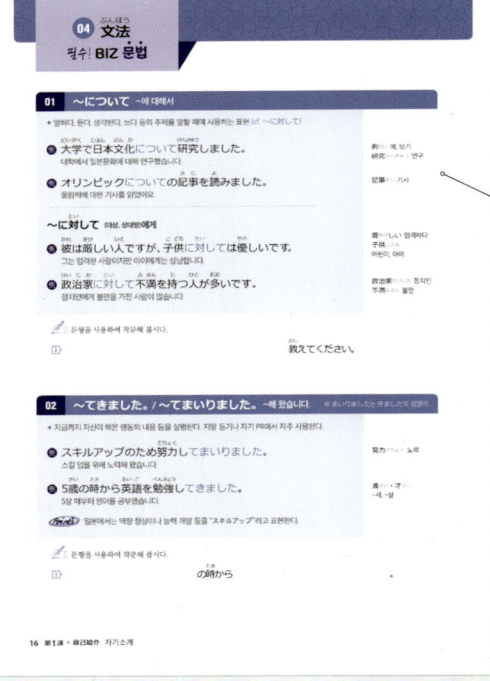

필수! BIZ 문법

N3 수준의 일본어 학습자라면 필수로 알아 두어야 할 핵심 문법 2가지를 심층 학습하는 코너입니다. 2개의 예문과 문법 Point를 통해 문법의 의미와 용법을 학습하고, 문형을 사용하여 직접 작문해봄으로써 비즈니스 수준의 문법을 체득하게 됩니다.

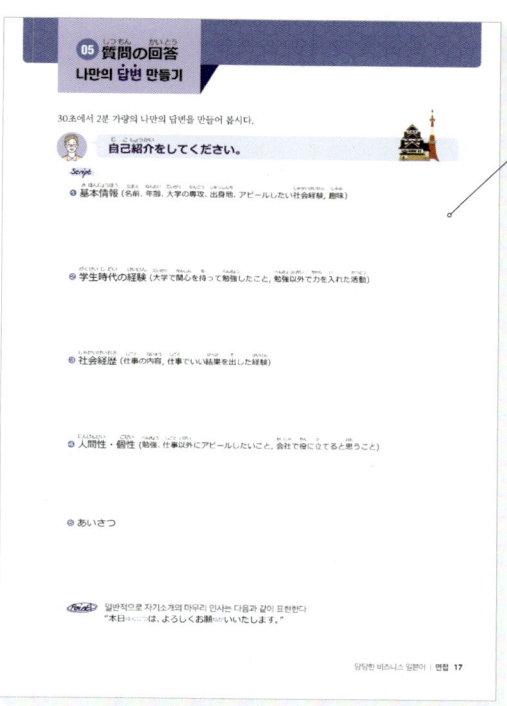

나만의 답변 만들기

본문에서 실전 모범 답변을 학습했다면, 이번에는 나만의 답변을 만들고 연습해 볼 수 있도록 구성하였습니다. 질문에 따른 답변의 필수 구성 요소 별로 카테고리를 나누어 작성함으로써 일관성 있고 풍부한 내용의 답변을 준비할 수 있습니다.

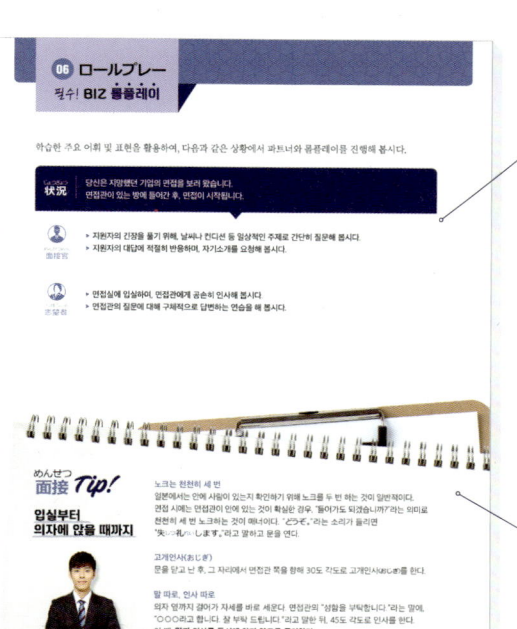

필수! BIZ 롤플레이

실제 비즈니스 상황에서 해당 과에서 학습한 주요 어휘 및 표현을 적용하여 말해 볼 수 있도록 구성하였습니다. 학습자들은 스스로 역할을 정해 파트너와 롤플레이를 진행하며 의사소통 능력 및 응용력, 표현력을 키울 수 있습니다.

면접 Tip!

일본의 입사 면접은 한국과 어떤 점이 다른지 알아보는 코너입니다. 일본으로의 취업·이직 준비생이라면 꼭 알아두어야 할 필수 정보를 놓치지 마세요!

もくじ
目次

		실전 면접 살펴보기
1課	自己紹介(じこしょうかい) 자기소개	✓ 신입 지원자의 자기소개 ✓ 경력 지원자의 자기소개
2課	日本就職(にほんしゅうしょく) 일본취업	✓ 일본에 관심을 가지게 된 계기 ✓ 일본에서 취업하고 싶은 이유
3課	経歴(けいれき) 경력	✓ 학창시절에 열심히 한 일 ✓ 전 직장을 퇴사한 이유
4課	性格(せいかく)・人間性(にんげんせい) 성격·인간성	✓ 성격의 장단점 ✓ 일할 때 중요하다고 생각하는 것
5課	志望動機(しぼうどうき) 지원동기	✓ 회사 지원 동기 ✓ 회사를 선택하는 기준
6課	キャリアプラン 커리어 플랜	✓ 커리어 플랜(3, 5, 10년) ✓ 희망 직종
7課	その他(た)のよくある質問(しつもん) 기타 자주 나오는 질문	✓ 관심이 있는 뉴스 ✓ 실패한 경험
8課	自己(じこ)PR 자기PR	✓ 신입 지원자의 자기PR ✓ 경력 지원자의 자기PR

주요 패턴	주요 문법	페이지
■ ~と申します。 ■ ~に関心が高いです。 ■ ~た経験があります。	■ について와 に対して ■ きました의 겸양어	13
■ ~たきっかけは、~でした。 ■ ~と思います。 ■ 初めは~ましたが	■ 동사 + ようになりました ■ 행동의 수수동사	21
■ ~ことになりました。 ■ ~を通して ■ ~を学びました。	■ 동사 과거형 + た結果 / 명사 + の結果 ■ 형용사의 명사화	29
■ ~タイプです。 ■ 例えば、 ■ ~ようにしています。	■ 명사 + ~にとって ■ 동사 + 上で	37
■ ~たいと思い志望しました。 ■ ~に魅力を感じました。	■ '하고 있다'의 존경어 ■ '보다, 듣다, 하다'의 겸양어	45
■ ~に携わりたいです。 ■ ~に貢献したいです。 ■ ~が活かせると思います。	■ 동사의 가정형 なら ■ 명사 + のため(に) / 동사 + ため(に)	53
■ ~とのことです。 ■ ~という点です。 ■ ~にもかかわらず	■ 명사 + ~によると ■ 명사 + ~をふまえて	61
■ ~として…しておりました。 ■ ~とともに ■ ~(こと)はもちろん	■ 명사 + の末(に) / 동사의 과거형 + た末(に) ■ 명사 + (の)かたわら / 동사의 사전형 + かたわら	69

| 부록 | ⊘ 필수 어휘 & 보충 어휘 모음　⊘ 본문 해설 모음 | 77 |

1課 自己紹介
자기소개

 학습목표
① 면접을 볼 때 적절한 방법으로 자기소개를 할 수 있다.
② 자신의 기본 정보와 경력, 성격 등을 간단하면서도 인상 깊게 말할 수 있다.

 주요패턴
- ～と申します。　　　　　～라고 합니다.
- ～に関心が高いです。　　～에 관심이 많습니다.
- ～た経験があります。　　～한 경험이 있습니다.

イメージトーク
이미지 토크

다음 사진을 보면서 아래의 키워드를 활용하여 주어진 상황에 대해 일본어로 말해 봅시다.

| Key Words | 面接(めんせつ) | 服装(ふくそう) | 髪型(かみがた) | 緊張(きんちょう) | 待機(たいき) |

01 ▶ 위 사진을 보고 상황, 인물 등에 대해 자유롭게 묘사해 봅시다.
02 ▶ 좋은 첫인상을 위한 올바른 면접 복장은 무엇일까요? 이야기 해 봅시다.

01 語彙(ごい)
필수! BIZ 어휘

아래 어휘를 따라 읽고 빈 칸을 채워 문장을 완성해 봅시다. 🎧

- ☐ 出身(しゅっしん) — 출신
- ☐ 大学(だいがく) — 대학교
- ☐ 専攻(せんこう) — 전공
- ☐ 学部(がくぶ) — 학부
- ☐ 学科(がっか) — 학과
- ☐ 関心(かんしん) — 관심
- ☐ ~時代(じだい) — ~시대, ~시절, ~때
- ☐ 活動(かつどう) — 활동

- ☐ 力(ちから)を入(い)れる — 주력하다
- ☐ 前職(ぜんしょく) — 전직
- ☐ 経験(けいけん) — 경험
- ☐ 能力(のうりょく) — 능력
- ☐ 自信(じしん) — 자신감
- ☐ 御社(おんしゃ) — 귀사(회화체)
- ☐ 活(い)かす — 살리다, 활용하다
- ☐ 役(やく)に立(た)つ — 도움이 되다

✓ 꼭! 나오는 면접 질문

簡単(かんたん)に自己紹介(じこしょうかい)をしてください。 간단히 자신을 소개해 보세요.

➡ 기본 정보, 자기 PR로 이어지는 경력 등을 30초 정도로 간단히 소개한다.

自己(じこ)PRをしてください。 자기소개(PR)를 해 보세요.

➡ 자기 PR은 "자기 소개"와는 달리, "무엇을 하며 살아 왔는지(구체적인 에피소드)", "무엇을 할 수 있는지(직무 능력)", "앞으로 어떻게 (공헌)해 나갈 것인지" 이 세 가지를 확실히 말한다.

02 表現(ひょうげん)
필수! BIZ 표현

아래 문장을 읽고, 패턴을 활용해 새로운 문장을 만들어 봅시다.

01 ～と申(もう)します。 ～라고 합니다.

1. 韓国大学経済学部4年、キム・ユジンと申します。
   한국대학교 경제학부 4학년 김유진이라고 합니다.

2. 総務部のパク・ヒョヌと申します。
   총무부 박현우라고 합니다.

3. ＿＿＿＿＿＿＿＿＿＿＿と申します。
   ＿＿＿＿＿＿라고 합니다.

02 ～に関心(かんしん)が高(たか)いです。 ～에 관심이 많습니다.

1. IT分野に関心が高かったので、コンピューター工学を専攻しました。
   IT분야에 관심이 많았기 때문에 컴퓨터공학을 전공했습니다.

2. 子供の頃からファッションに関心が高かったです。
   어렸을 때부터 패션에 관심이 많았습니다.

3. 大学時代＿＿＿＿＿＿＿＿＿に関心が高かったです。
   대학시절 ＿＿＿＿＿＿에 관심이 많았습니다.

Tip!
～に関心(かんしん)があります。
라고도 표현한다.

관심이 많다
関心(かんしん)が高(たか)い ○
関心(かんしん)が多(おお)い ✗

03 ～た経験(けいけん)があります。 ～한 경험이 있습니다.

1. アメリカに留学(りゅうがく)した経験(けいけん)があります。
   미국에 유학한 경험이 있습니다.

2. 大学生(だいがくせい)の時(とき)、ボランティアの経験(けいけん)があります。
   대학생 때 봉사활동 경험이 있습니다.

3. ＿＿＿＿＿＿＿＿＿経験(けいけん)があります。
   ＿＿＿＿＿＿경험이 있습니다.

Tip!
동사의 과거형
た + 経験(けいけん)があります

명사
の + 経験(けいけん)があります

03 会話
필수! BIZ 회화

상황 ❶ ▶ 신입 지원자의 자기소개

韓国外国語大学日本語学部日本文化学科4年、パク・ドンジンと申します。

大学では日本語と日本文化を専攻し、特に大阪の大学に短期留学してからは、日本の社会問題について関心を持って勉強しました。

趣味は登山で、サークルのメンバーと一緒に2か月に1回は週末に山に登っています。日本に行ったら、いつか富士山に登ってみたいと思っています。

本日はどうぞよろしくお願いします。

확인 질문

Q.1 パク・ドンジンさんは大学時代、何に関心がありましたか。

Q.2 パク・ドンジンさんは日本に行ったら何がしたいと言っていますか。

보충 어휘   特とくに 특히 | 短期留学たんきりゅうがく 단기유학 | 社会問題しゃかいもんだい 사회문제 | 登山とざん 등산
サークル 동아리 | メンバー 멤버

상황 ❷ ▶ 경력 지원자의 자기소개

イ・ヘヨンと申します。韓国大学経済学部で経営学を専攻し、卒業後はマーケティングリサーチ会社で2年間勤務しました。電話でのアンケートを担当した時には、答える人の立場に立って質問の仕方を工夫しました。その結果、47%だった回答率を75%に上げることができ、チームリーダーを任された経験があります。御社でも、明るく積極的な性格と、これまでの経験を活かして、仕事の効率を考えられる社員になりたいと思います。本日は、このような貴重な機会をいただき、ありがとうございます。日本語での面接は初めてで少し緊張していますが、一生懸命がんばります。どうぞよろしくお願いいたします。

확인 질문

Q1. イ・ヘヨンさんは会社で何を担当しましたか。

Q2. イ・ヘヨンさんはどんな社員になりたいと言っていますか。

보충 어휘   担当たんとう 담당 | 立場たちば 입장 | 仕方しかた 방법 | 工夫くふう 궁리 | 任まかされる 맡다 (任す의 수동형) | 積極的せっきょくてき 적극적 | 効率こうりつ 효율 | 貴重きちょうだ 귀중하다 | 機会きかい 기회

04 文法 ぶんぽう
필수! BIZ 문법

01 ~について ~에 대해서

★ 말하다, 듣다, 생각한다, 쓰다 등의 주제를 말할 때에 사용하는 표현이다. (cf. ~に対して)

例 大学で日本文化について研究しました。
대학에서 일본문화에 대해 연구했습니다.

例 オリンピックについての記事を読みました。
올림픽에 대한 기사를 읽었어요.

研究 けんきゅう 연구
記事 きじ 기사

cf. ~に対して (대상, 상대방)에게

例 彼は厳しい人ですが、子供に対しては優しいです。
그는 엄격한 사람이지만 아이에게는 상냥합니다.

例 政治家に対して不満を持つ人が多いです。
정치인에게 불만을 가진 사람이 많습니다.

厳しい きびしい 엄격하다
子供 こども 어린이, 아이
優しい やさしい 상냥하다
政治家 せいじか 정치인
不満 ふまん 불만

✎ 문형을 사용하여 작문해 봅시다.
1) _____ 教えてください。

---

02 ~てきました。/ ~てまいりました。 ~해 왔습니다.
※ まいりました는 きました의 겸양어

★ 지금까지 자신이 해온 행동의 내용 등을 설명한다. 지망 동기나 자기 PR에서 자주 사용한다.

例 スキルアップのため努力してまいりました。
스킬 업을 위해 노력해 왔습니다.

例 5歳の時から英語を勉強してきました。
5살 때부터 영어를 공부했습니다.

努力 どりょく 노력
歳 さい・才 さい ~세 ~살

Point 일본에서는 역량 향상이나 능력 개발 등을 "スキルアップ"라고 표현한다.

✎ 문형을 사용하여 작문해 봅시다.
1) _____ の時から _____ 。

05 質問の回答
나만의 답변 만들기

30초에서 2분 가량의 나만의 답변을 만들어 봅시다.

自己紹介をしてください。

Script

❶ 基本情報（名前、年齢、大学の専攻、出身地、アピールしたい社会経験, 趣味）

❷ 学生時代の経験（大学で関心を持って勉強したこと, 勉強以外で力を入れた活動）

❸ 社会経歴（仕事の内容, 仕事でいい結果を出した経験）

❹ 人間性・個性（勉強、仕事以外にアピールしたいこと, 会社で役に立てると思うこと）

❺ あいさつ

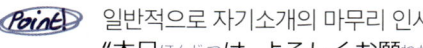 일반적으로 자기소개의 마무리 인사는 다음과 같이 표현한다.
　　　　"本日は、よろしくお願いいたします。"

06 ロールプレー
필수! BIZ 롤플레이

학습한 주요 어휘 및 표현을 활용하여, 다음과 같은 상황에서 파트너와 롤플레이를 진행해 봅시다.

| 状況 (じょうきょう) | 당신은 지망했던 기업의 면접을 보러 왔습니다. 면접관이 있는 방에 들어간 후, 면접이 시작됩니다. |

 面接官 (めんせつかん)
- 지원자의 긴장을 풀기 위해, 날씨나 컨디션 등 일상적인 주제로 간단히 질문해 봅시다.
- 지원자의 대답에 적절히 반응하며, 자기소개를 요청해 봅시다.

 志望者 (しぼうしゃ)
- 면접실에 입실하여, 면접관에게 공손히 인사해 봅시다.
- 면접관의 질문에 대해 구체적으로 답변하는 연습을 해 봅시다.

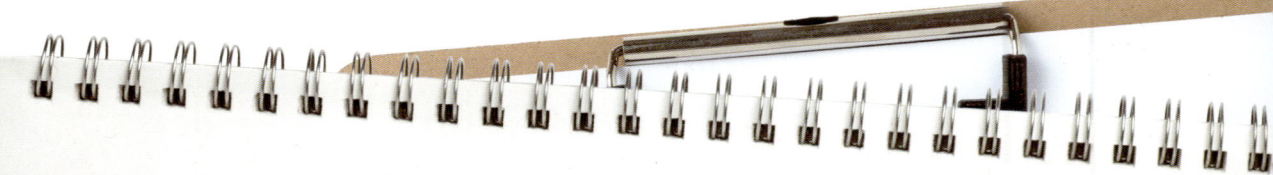

面接 (めんせつ) Tip!
입실부터 의자에 앉을 때까지

노크는 천천히 두세 번
일본에서는 안에 사람이 있는지 확인하기 위해 노크를 두 번 하는 것이 일반적이다. 면접 시에는 면접관이 안에 있는 것이 확실한 경우, "들어가도 되겠습니까?"라는 의미로 천천히 세 번 노크하는 것이 매너이다. "どうぞ。"라는 소리가 들리면 "失礼(しつれい)します。"라고 말하고 문을 연다.

고개인사(おじぎ)
문을 닫고 난 후, 그 자리에서 면접관 쪽을 향해 30도 각도로 고개인사(おじぎ)를 한다.

말 따로, 인사 따로
의자 옆까지 걸어가 자세를 바로 세운다. 가방은 의자 옆에 놓거나 의자 다리에 세워 둔다. 면접관의 "성함을 부탁합니다."라는 말에, "○○○라고 합니다. 잘 부탁 드립니다."라고 말한 뒤, 45도 각도로 인사를 한다. 이 때, **말과 인사를 동시에 하지 않도록 주의한다.**

착석
"どうぞ。"라고 하면, "よろしくお願(ねが)いします。"라고 인사 한 뒤 의자에 앉는다.

2課 日本就職
にほんしゅうしょく
일본취업

학습목표
1. 일본에 관심을 가지게 된 계기를 자세히 이야기할 수 있다.
2. 일본에서 취업하고자 하는 자신만의 이유를 설득력 있게 말할 수 있다.

주요패턴
- ~たきっかけは、~でした。　　~한 계기는 ~였습니다.
- ~がきっかけで、~ました。　　~가 계기가 되어 ~했습니다.
- ~と思います。　　~라고 생각합니다.
- 初めは~ましたが　　처음에는 ~했습니다만

イメージトーク
이미지 토크

다음 사진을 보면서 아래의 키워드를 활용하여 주어진 상황에 대해 일본어로 말해 봅시다.

| Key Words | きそく 規則 | きび 厳しい | まじめ 真面目だ | かぞく 家族 | しえん 支援 |

01 ▶ '일본 기업'하면 떠오르는 이미지는 무엇입니까?
02 ▶ 일본의 기업문화에 대해 알고 있는 것을 이야기해 봅시다.

01 語彙
필수! BIZ 어휘

아래 어휘를 따라 읽고 빈 칸을 채워 문장을 완성해 봅시다. 🎧

☐	就職(しゅうしょく)	취직	☐	親(した)しみ	친근감
☐	初(はじ)めて	처음으로, 처음	☐	憧(あこが)れ	동경
☐	影響(えいきょう)を受(う)ける (影響される)	영향을 받다	☐	決心(けっしん)	결심
			☐	習得(しゅうとく)	습득
☐	影響(えいきょう)を与(あた)る	영향을 주다	☐	人材(じんざい)	인재
☐	留学(りゅうがく)する	유학하다	☐	成長(せいちょう)	성장
☐	ワーキングホリデー	워킹홀리데이	☐	目指(めざ)す	지향하다, 목표로 하다
☐	技術(ぎじゅつ)	기술	☐	両親(りょうしん)	부모, 양친
☐	機能(きのう)	기능	☐	賛成(さんせい)	찬성
☐	印象(いんしょう)	인상	☐	反対(はんたい)	반대

✓ 꼭! 나오는 면접 질문

日本(にほん)に関心(かんしん)を持(も)つようになったきっかけは何(なん)ですか。 일본에 관심을 가지게 된 계기가 무엇입니까?

➡ 질문의 직접적인 답변이 되는 결론부터 말한 후, 일본에서 취업을 하고자 하는 현재의 자신과 연결되는 계기에 대한 경험이나 에피소드를 구체적으로 이야기 한다. 그리고 그 결과 현재 자신이 일본에 대한 관심이 높음을 어필한다.

どうして日本(にほん)で就職(しゅうしょく)しようと思(おも)ったんですか。 왜 일본에서 취업하려고 생각했습니까?

➡ 일본에서 취업하고자 하는 가장 큰 이유를 밝히고, 왜 다른 나라가 아닌 '일본'이어야 하는지, 일본에서 일하면서 배우고자 하는 것이 무엇인지 등을 언급한다.

02 表現(ひょうげん)
필수! BIZ 표현

아래 문장을 읽고, 패턴을 활용해 새로운 문장을 만들어 봅시다.

---

01 ~たきっかけは、~でした。 ~한 계기는 ~였습니다.
~がきっかけで、~ました。 ~가 계기가 되어 ~했습니다.

① 日本(にほん)に関心(かんしん)を持(も)ったきっかけは、アニメ映画(えいが)でした。
일본에 관심을 갖게 된 계기는 애니메이션 영화였습니다.

② 旅行(りょこう)がきっかけで、日本(にほん)の食(た)べ物(もの)に関心(かんしん)を持(も)ちました。
여행이 계기가 되어 일본 음식에 관심을 갖게 되었습니다.

③ ＿＿＿＿たきっかけは、＿＿＿＿でした。
　 한 계기는　　　　　　였습니다.

Tip!
동사의 과거형 +
~たきっかけは、
명사 + ~でした。

명사 +
~がきっかけで、
동사 + ~ました。

---

02 ~と思(おも)います。 ~라고 생각합니다.

① 日本語(にほんご)より英語(えいご)の方(ほう)が難(むずか)しいと思(おも)います。
일본어보다 영어가 더 어렵다고 생각합니다.

② 明(あか)るい笑顔(えがお)が彼女(かのじょ)の魅力(みりょく)だと思(おも)います。
밝은 미소가 그녀의 매력이라고 생각합니다.

③ ＿＿＿＿＿＿＿＿と思(おも)います。
　　　　　　　라고 생각합니다.

Tip!
동사, イ형용사 +
~と思(おも)います。
예)
いいと思(おも)います 〇

명사, ナ형용사 +
~だと思(おも)います。
예)
日本(にほん)だと思(おも)います 〇

---

03 初(はじ)めは~ましたが 처음에는 ~했습니다만

① 初(はじ)めは一生懸命勉強(いっしょうけんめいべんきょう)しましたが、今(いま)はあまりしていません。
처음에는 열심히 공부했습니다만, 지금은 별로 하지 않습니다.

② 両親(りょうしん)は、初(はじ)めは海外就職(かいがいしゅうしょく)に反対(はんたい)していましたが、
今(いま)は支持(しじ)します。
부모님께서는 처음에는 해외 취업에 반대하셨습니다만, 지금은 지지하십니다.

③ 初(はじ)めは＿＿＿＿＿ましたが、＿＿＿＿＿＿＿。
　 처음에는　　　　　 했습니다만,

03 会話
필수! BIZ 회화

상황 ❶ ▶ 일본에 관심을 가지게 된 계기

私が日本に関心を持っ**たきっかけは**、おばの影響**でした**。
私は子どもの頃、日本に留学していたおばが韓国に帰ってくる度に、かわいいキャラクターのお土産をもらったり、旅行に行った時の写真を見せてもらったりしました。また、私が日本に遊びに行った時、おばの日本の友達がとても親切に案内してくれたし、街にはゴミひとつ落ちていないことに驚きました。
そんな経験から、いつしか日本に対して親しみや憧れを感じるようになりました。それで、大学でも日本語を専攻しようと思いました。

확인 질문

Q.1 キャラクターのお土産をくれたのは誰ですか。

Q.2 どうして日本に親しみや憧れを感じるようになったのでしょうか。

보충 어휘   度たびに ~할 때마다 ｜ 驚おどろく 놀라다 ｜ いつしか 어느덧, 어느새

상황 ❷ ▶ 일본에서 취업하고 싶은 이유 🎧

私は日本の高い技術力と、製品開発のノウハウを学びたいと思い、日本での就職を決心しました。普段から日本の文房具や電化製品を買うことが多いのですが、どれも外見だけではなくその製品を使う人のことを考えて小さい部分まで工夫してあって、とても機能的なことに感動しました。初めはただ日本製の物への関心でしたが、だんだん日本に行って技術を学びたいと考えるようになりました。日本は製品の中に独自のイメージや特有の感性を入れる能力が優れていると思います。そして、これは他の国では見られない日本だけの強みだと思います。日本で働きながらこれらの点を習得して、新しいアイディアを実現できる人材に成長したいです。

🔍 확인 질문

Q.1 この人は日本でどんな仕事がしたいのでしょうか。

_____

Q.2 どんなところが日本の強みだと言っていますか。

보충 어휘　特有とくゆう 특유 ｜ 優すぐれる 우수하다 ｜ 他ほかの 다른 ｜ 強つよみ 장점, 강점

04 文法
필수! BIZ 문법

01　동사 + ~ようになりました。 ~하게 되었습니다.

★ 시간의 경과에 따른 상황의 변화를 나타내기 위해서 사용된다.

例) 日本語で報告できるようになりました。
일본어로 보고할 수 있게 되었습니다.

例) それで、日本での就職を考えるようになりました。
그래서, 일본에서의 취직을 생각하게 되었습니다.

報告ほうこくする 보고하다

★ 選えらぶ、増ふえる、太ふとる와 같은 변화를 나타내는 동사에는 사용하지 않도록 주의한다.

例) 大学で日本語を専攻に選びました。
대학에서 일본어를 전공으로 선택하게 되었습니다. (→ 결정)

例) 交通事故で入院することになりました。
교통사고로 입원하게 되었습니다. (→ 결과)

✎ 문형을 사용하여 작문해 봅시다.

① _____ をきっかけに _____ 。

02　~てあげる / ~てくれる / ~てもらう ~해 주다 (행동의 수수동사)

★ AがBに~てあげる ▶ A(나 O)가 B(나 X)를 위해 동작·행동을 한다.
★ Aが私に~てくれる ▶ A(나 X)가 나를 위해 동작·행동을 한다.
★ AがBに~てもらう ▶ A(나 O)가 B(나 X)의 동작·행동을 받는다.

Point "나"는 내 가족 등 나와 같은 소속인 사람도 포함한다.

例) 私のを貸してあげました。
제 것을 빌려 드렸습니다.

貸かす 빌려주다

例) 田中さんが(私に)書き方を教えてくれました。
다나카 씨가 (제게) 작성법을 가르쳐 주었습니다.

書かき方かた 작성법

例) 先輩に助けてもらいました。
선배님에게 도움을 받았습니다. (선배님이 도와 주셨습니다.)

✎ 문형을 사용하여 작문해 봅시다.

① _____ もらいました。

05 質問の回答
나만의 답변 만들기

30초에서 2분 가량의 나만의 답변을 만들어 봅시다.

 日本に関心を持つようになったきっかけは何ですか。

Script

❶ 初めて日本に関心を持ったのはいつか

❷ 関心を持つようになったきっかけ

 どうして日本で就職しようと思ったんですか。

Script

❶ 日本で就職したい一番の理由

❷ 日本での目標

06 ロールプレー
필수! BIZ 롤플레이

학습한 주요 어휘 및 표현을 활용하여, 다음과 같은 상황에서 파트너와 롤플레이를 진행해 봅시다.

状況 (じょうきょう): 1분간의 짧은 자기소개 후, 외국인으로서 일본에 취업하는 것에 대한 주제로 면접이 진행됩니다.

面接官 (めんせつかん): 다음 항목들 중 골라 지원자에게 질문해 봅시다.
일본에 관심을 가지게 된 계기 / 다른 나라가 아닌 일본에서 일하고 싶은 이유 / 일본에서 일하면서 배우고 싶은 것 / 일본 취업에 대한 가족들의 생각 / 일본에서의 근무 기간에 대한 본인의 계획

志望者 (しぼうしゃ): 면접관의 질문에 대해 본인의 생각이나 경험을 구체적으로 답변하는 연습을 해 봅시다.

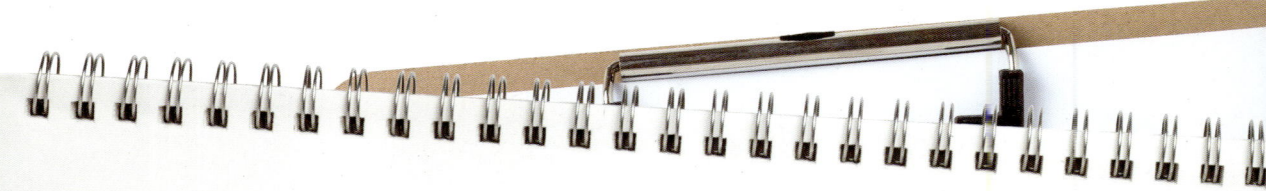

面接 (めんせつ) Tip!
일본 기업 문화의 특징

일의 질과 신뢰성이 중요

일본 기업에서는 매 결정에 임직원의 판단이 필요한 경우가 많다. 개인의 성과보다는 그룹에 대한 개인의 공헌도가 요구된다. 세세한 부분까지 주의가 필요한 한편, 많은 미팅과 서류 준비 등의 업무로 결단이 늦어지기도 한다. 그러므로, 모든 결정에 실수가 적어야 하며, 그렇기 때문에 품질이나 신뢰가 중시된다. 따라서 100%에 가까운 가능성이 없다면, "할 수 있다"고 말하지 않아야 한다. 정확성을 매우 중시하기 때문에, 리스크에 대해서는 신중해야 한다.

가족처럼 오랜 시간을 함께

일본기업은 오래 일해 줄 사람, 기업 이념을 이해하는 사람, 성장 의욕이 있는 사람을 좋아한다. 또한 일본기업은 사원에게 다양한 경험을 하게 하여 하나부터 끝까지 회사의 모든 것을 이해할 수 있는 재원으로 키우고자 한다. 그리하여 장기적으로는 경영진으로 성장시키려는 계획을 가지고 있다. 따라서 1~2년 이내에 자신이 좋아하는 일을 할 수 없다고 해서 회사를 그만두게 된다면, 기업에게는 그 동안의 교육시간이 낭비가 될 뿐만 아니라 손해가 된다. 일본 기업에 취업하려면 일본의 기업문화를 이해하고 적어도 5~10년은 근무할 생각으로 회사를 선택하고 면접에 임하자.

3課 経歴(けいれき)
경력

 **학습목표**
① 전직 경력 및 사회 경험을 통해 습득한 능력을 어필할 수 있다.
② 학창시절에 관심을 갖고 열심히 한 일이나 학업에 대해 설명할 수 있다.

 **주요패턴**
◎ ~ことになりました。　　~하게 되었습니다.
◎ ~を通(とお)して　　　　~를 통해서
◎ ~を学(まな)びました。　~를 배웠습니다.

イメージトーク
이미지 토크

다음 사진을 보면서 아래의 키워드를 활용하여 주어진 상황에 대해 일본어로 말해 봅시다.

| Key Words | 責任(せきにん) | 判断力(はんだんりょく) | 時間(じかん) | 人間関係(にんげんかんけい) | 目的(もくてき) |

01 ▶ 자신의 사회 경험(학회활동, 대외활동, 동아리 활동, 봉사활동, 아르바이트 등)에 대해 이야기 해 봅시다.
02 ▶ 자신의 직무 경력(인턴, 계약직, 전 직장 경력 등)에 대해 이야기 해 봅시다.

01 語彙
필수! BIZ 어휘

아래 어휘를 따라 읽고 빈 칸을 채워 문장을 완성해 봅시다. 🎧

- ☐ 結果(けっか) — 결과
- ☐ 学(まな)ぶ — 배우다
- ☐ 頑張(がんば)る — 열심히 하다
- ☐ 消極的(しょうきょくてき) — 소극적
- ☐ 具体的(ぐたいてき) — 구체적
- ☐ 苦労(くろう) — 고생
- ☐ 問題(もんだい) — 문제
- ☐ 解決(かいけつ) — 해결
- ☐ 行動(こうどう) — 행동

- ☐ 大切(たいせつ)だ — 소중하다
- ☐ 退職(たいしょく) — 퇴직
- ☐ 転職(てんしょく) — 이직
- ☐ 分野(ぶんや) — 분야
- ☐ 挑戦(ちょうせん) — 도전
- ☐ やりがい — 보람
- ☐ 興味(きょうみ) — 흥미
- ☐ 志望(しぼう) — 지망

꼭! 나오는 면접 질문

学生時代(がくせいじだい)に力(ちから)を入(い)れたことは何(なん)ですか。 학창시절에 가장 열심히 했던 것은 무엇입니까?

➡ 신입 지원자의 경우, 직장 경력이 없을 수 있으므로 아르바이트, 동아리 활동, 학업, 대외 활동, 유학 등 대학생 시절에 가장 열심히 했던 활동을 한 가지 골라 구체적으로 답변한다. 이 때, 단순히 경험을 전달하는 것에 그치지 말고 경험을 통해 본인이 배운 점을 강조하며 답변을 마무리한다.

前(まえ)の仕事(しごと)を辞(や)めた理由(りゆう)は何(なん)ですか。 이전 일을 그만 둔 이유는 무엇입니까?

➡ 경력 지원자의 경우 이전 직장에서 어떤 일을 하였으며, 퇴사하게 된 이유가 무엇인지가 면접관들의 주요 관심사일 것이다. 전직의 업무 내용과 그것을 통해 배운 것을 간단히 설명한 뒤, 퇴직 이유를 밝힐 때에는 이전 직장을 비판하는 것은 피하고 긍정적인 내용을 언급한다. 마지막으로, 전직의 경험을 살려 지망 기업에서 어떻게 일하고자 하는지 지원 동기로 연결한다.

02 表現(ひょうげん)
필수! BIZ 표현

아래 문장을 읽고, 패턴을 활용해 새로운 문장을 만들어 봅시다.

01 ~ことになりました。 ~하게 되었습니다. ※ 결과, 결정된 상황을 나타낼 때 사용한다.

① 来年(らいねん)から、日本(にほん)の会社(かいしゃ)で働(はたら)くことになりました。
내년부터 일본 회사에서 일하게 되었습니다.

② 雨(あめ)のため、イベントは延期(えんき)することになりました。
비 때문에 행사를 연기하게 되었습니다.

③ ＿＿＿＿＿＿＿＿＿＿＿＿＿＿＿＿＿＿ことになりました。
　　　　　　　　　　　　　　　　　하게 되었습니다.

02 ~を通(とお)して ~을 통해서 ※ 결과의 원인이 되는 수단이나 방법, 정보, 이야기 등과 함께 사용한다.

① インターネットを通(とお)して外国人(がいこくじん)の友達(ともだち)と知(し)り合(あ)いました。
인터넷을 통해서 외국인 친구를 알게 되었습니다.

② アルバイトの経験(けいけん)を通(とお)して社会(しゃかい)への考(かんが)えが変(か)わりました。
아르바이트 경험을 통해서 사회에 대한 생각이 바뀌었습니다.

③ ＿＿＿＿＿＿＿＿＿＿を通(とお)してわかったことは、
　＿＿＿＿＿＿＿＿＿＿です。
　을(를) 통해서 알게 된 것은, ＿＿＿＿＿＿＿＿＿＿입니다.

> **Tip!**
> '~동안, 내내' 라는 의미로, 계속적인 기간을 나타낼 때에도 사용된다.
>
> 例)
> この国(くに)には1年(ねん)を通(とお)して暖(あたた)かい。
> 이 나라는 1년 내내 따뜻하다.

03 ~を学(まな)びました。 ~를 배웠습니다. ※ 동사 学ぶ는 스스로 경험하거나 책 또는 다른 사람의 행동 등을 통해 간접적으로 배울 때 사용한다.

① 大学(だいがく)で日本文学(にほんぶんがく)を学(まな)びました。
대학에서 일본 문학을 배웠습니다.

② ボランティアに参加(さんか)して、周(まわ)りと協力(きょうりょく)することを学(まな)びました。
봉사활동에 참가하고, 주위와 협력하는 것을 배웠습니다.

③ ＿＿＿＿＿＿＿＿＿の活動(かつどう)を通(とお)して、
　＿＿＿＿＿＿＿＿＿を学(まな)びました。
　활동을 통해서, ＿＿＿＿＿＿＿＿＿을(를) 배웠습니다.

> **Tip!**
> cf. 동사 習う는 다른 사람의 가르침으로부터 배울 때 사용한다.
> 따라서, 동사 学ぶ와 구별하여 사용한다.
>
> 例)
> 子供(こども)の頃(ころ)、ピアノを習(なら)いました。
> 어렸을 때, 피아노를 배웠습니다.

03 会話
필수! BIZ 회화

상황 ❶ ▶ 학창시절에 열심히 한 일

私が学生時代に頑張ったことは、塾でのアルバイトです。私は数学が得意で、ある時中学3年生の数学を担当する**ことになりました。**勉強方法がわからないという学生がいて、授業にも消極的でした。わからないことを聞き出すことに苦労しましたが、授業後に15分、ひとりずつ面談する時間を作りました。それを2か月続けた結果、学生との信頼関係ができ、授業中に積極的に質問してくるようになりました。一番成績が悪かった学生も40点台から80点台になり、全員が志望校に合格した時は本当に嬉しかったです。このアルバイトを**通して**、ただ決められた仕事をこなすのではなく、問題点解決のためにどう行動するか考えることの大切**さを学びました。**

확인 질문

Q.1 どんなことに苦労したと言っていますか。

Q.2 問題解決のためにどのように行動しましたか。

보충 어휘　塾じゅく 학원 ｜ ある時とき 어느 때, 한때 ｜ 聞き き出だす 물어서 알아내다 ｜ 志望校しぼうこう 지망학교 ｜ こなす 잘 해내다, 잘 소화시키다 ｜ 大切たいせつさ 중요함

상황 ❷ ▶ 전 직장을 퇴사한 이유 🎧

前の会社を辞めた理由は、新しい分野に挑戦したいと思ったからです。前職では、営業アシスタントの仕事をしていました。営業職の社員やお客様のサポートをしながら問題を解決していくことを通して、コミュニケーションの難しさと大切さを学びました。やりがいのある仕事でしたが、次第にサポートの立場ではなく、問題点を直接解決できるような技術力を身に付けたいと思うようになりました。IT業界は学生の頃から興味があったので、思い切って退職し、プログラミング技術の専門課程で1年間勉強しました。今後は、さらに専門的な知識を学びながら、サポート業務の経験を活かして、お客様により便利なサービスを開発できる人材になりたいと思います。

확인 질문

Q1. この人が挑戦しようと思った分野は何ですか。

Q2. この人は、退職してからすぐに転職しましたか。

보충 어휘　次第しだいに 차츰, 점점 ｜ 身みに付つける 습득하다, 익히다 ｜ 思おもい切きって 과감히
　　　　　さらに 한층, 게다가, 더욱이

04 文法
필수! BIZ 문법

01 동사의 과거형 + ~た結果 | 명사 + ~の結果 ~한 결과 / ~의 결과

例 先輩に相談した結果、問題は解決しました。
선배에게 상의한 결과, 문제를 해결하였습니다.

相談そうだん 상의 / 상담 / 의논

例 検査の結果、異状がないことがわかりました。
검사 결과, 이상이 없음을 알았습니다.

検査けんさ 검사
異常いじょう 이상

✏️ 문형을 사용하여 작문해 봅시다.

① _____結果_____。

02 형용사 어간 + ~さ / ~み 형용사의 명사화

★ 형용사의 명사화란, '크다', '길다', '어렵다' 등과 같은 형용사를 각각 '크기', '길이', '어려움'과 같이 명사 형태로 나타내는 것을 뜻한다. 형용사 어간에 각각 さ 또는 み를 붙여 형용사를 명사화할 수 있다.

~さ → 일반적으로 사용되며, kg, m 등 측정 단위와 같이 객관적, 상대적인 의미를 가진다.

例 本の重さ | 水の深さ | 暑さ | にぎやかさ
책의 무게 | 물의 깊이 | 더위 | 번화함

重おもい 무겁다
深ふかい 깊다

~み → 주관적, 감정적인 뉘앙스에 사용한다.

例 言葉の重み | 内容の深み | 痛み | 悲しみ
말의 무게 | 내용의 깊이 | 아픔 | 슬픔

例 面接の時は、スカートの長さに気を付けましょう。
면접 때는 치마 길이를 조심합시다.

例 痛みを経験して、人間は成長する。
아픔을 겪고 인간은 성장한다.

✏️ 문형을 사용하여 작문해 봅시다.

① _____を学びました。

05 質問の回答
나만의 답변 만들기

30초에서 2분 가량의 나만의 답변을 만들어 봅시다.

学生時代に力を入れたことは何ですか。

Script
① 学生時代に頑張ったこと

② それを通して学んだこと

前の仕事を辞めた理由は何ですか。

Script
① 前の会社で担当した業務

② その会社を辞めた理由

06 ロールプレー
필수! BIZ 롤플레이

학습한 주요 어휘 및 표현을 활용하여, 다음과 같은 상황에서 파트너와 롤플레이를 진행해 봅시다.

状況(じょうきょう) 일본 취업에 대한 질의응답 후, 지원자의 경력에 대한 주제로 면접이 진행됩니다.

面接官(めんせつかん)
다음 항목들 중 골라 지원자에게 질문해 봅시다.
아르바이트나 인턴을 한 경험 / 전 직장에서 담당한 업무 / 퇴사 이유

志望者(しぼうしゃ)
면접관의 질문에 대해 본인의 생각이나 경험을 구체적으로 답변하는 연습을 해 봅시다.

面接(めんせつ) Tip!
일본의 면접 방식

일본의 면접은 시간이 길다!
오랫동안 함께 일을 하고 싶은 인재를 알아보기 위해 대화를 통한 커뮤니케이션 능력이 중시된다. **일반적인 면접 시간은 30분에서 1시간 정도**. 면접관과 지원자 중 한쪽이 일방적으로 말하는 것이 아니라 대화를 주고 받을 수 있는가, 좋은 분위기에서 면접을 진행할 수 있는가도 중요한 포인트이다.
면접의 단계에 따라서도 필요한 시간은 다를 수 있다.
1차면접과 2차면접에는 시간이 많이 소요되어도 최종 면접은 금세 끝내는 기업이 있는가 하면, 1차 면접은 빨리 마치고 2차면접과 최종 면접을 오래 진행하는 기업도 있다.
따라서 면접 시간은 합격 여부에 따라 달라지는 것이 아니라 심사 단계에 따라 달라진다고 생각하는 것이 좋다. 면접 시간이 짧다고 해서 불합격인 것이라고 실망하지 말고, 연락이 올 때까지 포기하지 말자.

면접 단계에 따라 심사하고자 하는 바가 다르다!
회사마다 다르겠지만, 예를 들어 인사담당자 면접, 부서 책임자 면접, 임원 면접의 3차 면접이 있는 경우, 각각의 단계에서 심사하고자 하는 바에는 차이가 있다.
1차 인사담당자 면접은 '**체에 거르기 위한 면접**'이다. 매일 많은 지원자와 면접하는 면접 전문가인 인사 담당자가 주목하고 있는 것은 주로 '지원동기'와 '자기PR'이다. 수많은 지원자와 만나왔던 인사 담당자에게 판에 박힌 듯 비슷한 대답은 주의를 끌지 못한다. 면접 전에 철저하게 그 회사에 대해 조사하고, 그 회사의 방침에 맞는 PR을 준비하도록 하자. 1차 통과를 한 후에는 2차 부서 책임자 면접. 이것은 1차 통과한 지원자의 '**적성을 파악하는 면접**'이다. 그들은 지원자가 실제로 자기 부서에 들어와 일하는 모습을 상상하며 적합한 사람인지를 판단하기 위해 면접을 진행한다. 3차 임원 면접에 다다르면, 선별이라기 보다는 오히려 '**고용관계를 맺기 위한 확인의 만남**'이다. 면접의 내용도 회사의 경영 방침을 확인한 후에 성의를 가지고 업무에 임할 수 있는 인재인가를 체크하는 것이다. 여기에서는 **채용을 긍정적으로 검토해 준 데에 대한 감사와 함께 적극적인 업무 태도를 어필**하는 것이 중요하다.

4課 性格・人間性
성격·인간성

학습목표
① 성격의 장점 및 단점이 무엇인지 근거와 함께 말할 수 있다.
② 일에 대한 자신의 가치관을 설득력 있게 이야기할 수 있다.

주요패턴
- ~タイプです。 ~한 스타일(타입)입니다.
- 例えば、 예를 들면,
- ~ようにしています。 ~하도록 하고 있습니다.

イメージトーク
이미지 토크

다음 사진을 보면서 아래의 키워드를 활용하여 주어진 상황에 대해 일본어로 말해 봅시다.

| Key Words | まじめ | 社交的（しゃこうてき） | せっかち | 人見知り（ひとみし） | 慎重（しんちょう） |

01 ▶ 당신은 주위 사람들로부터 어떤 사람이라는 말을 자주 듣습니까?
02 ▶ 당신의 성격을 가장 잘 표현하는 단어는 무엇입니까?

01 語彙(ごい)
필수! BIZ 어휘

아래 어휘를 따라 읽고 빈 칸을 채워 문장을 완성해 봅시다. 🎧

- ☐ 長所(ちょうしょ) — 장점
- ☐ 短所(たんしょ) — 단점
- ☐ 弱(よわ)み — 약점
- ☐ 性格(せいかく) — 성격
- ☐ 一緒(いっしょ)に — 함께
- ☐ 責任感(せきにんかん) — 책임감
- ☐ 協調性(きょうちょうせい) — 협조성
- ☐ 忍耐力(にんたいりょく) — 인내심
- ☐ 克服(こくふく) — 극복

- ☐ 心(こころ)がける — 명심하고 노력하다, 유의하다
- ☐ 信頼(しんらい) — 신뢰
- ☐ チームワーク — 팀워크
- ☐ リーダーシップ — 리더십
- ☐ 仲間(なかま) — 함께 하는 친구, 친한 동료
- ☐ お互(たが)い — 서로
- ☐ 同士(どうし) — ~끼리
- ☐ 配慮(はいりょ) — 배려
- ☐ おかげで — 덕분에

꼭 나오는 면접 질문

長所(ちょうしょ)や短所(たんしょ)は何(なん)ですか。 장점과 단점은 무엇입니까?

➡ 성격의 장단점은 면접 필수 질문이기도 하다. 장점과 단점을 함께 질문 받았을 경우, 회사에서의 업무를 살릴 수 있다고 생각하는 장점을 먼저 언급한다. 단점을 묻는 이유는 자기 분석이 가능한지, 회사에 맞는 인재인지 알아보기 위함이므로 업무에 치명적이지 않은 단점을 말하고, 단점을 긍정적으로 다루고 극복하는 노력을 어필한다.

仕事(しごと)をする上(うえ)で重要(じゅうよう)なことは何(なん)だと思(おも)いますか。
일을 하는 데 있어서 중요한 것은 무엇이라고 생각합니까?

➡ 질문의 직접적인 답변이 되는 결론부터 말한 후, 어떤 근거로 그런 생각을 하게 되었는지 경험담을 이야기한다. 특히, 해당 상황에서 어떻게 행동하였는지 인간성을 어필하는 자기 PR식 답변으로 연결한다.

02 表現
필수! BIZ 표현

아래 문장을 읽고, 패턴을 활용해 새로운 문장을 만들어 봅시다.

01 ~タイプです。 ~한 스타일(타입)입니다.

① ストレスがたまると、たくさん食べてしまうタイプです。
스트레스가 쌓이면 많이 먹는 스타일입니다.

② 私は責任感が強いタイプです。
저는 책임감이 강한 타입입니다.

③ 私の苦手なタイプは、　　　　　　　　　　　　　　　人です。
제가 싫어하는 타입은　　　　　　　　　　　　한 사람입니다.

02 例えば、 예를 들면,

① 私はいろいろな趣味があります。例えば、登山やスキーです。
저는 여러 가지 취미가 있습니다. 예를 들면, 등산이나 스키입니다.

② 例えば急に体調が悪くなったら、すぐに連絡してください。
예를 들어 갑자기 몸이 안 좋아지면, 바로 연락해 주세요.

③ 例えば、　　　　　　　　　　　　　　　のように、
人の多い場所は苦手です。
예를 들어　　　　　　　　　　처럼, 사람이 많은 곳은 질색입니다.

03 ~ようにしています。 ~하도록 하고 있습니다. ※습관적으로 하는 것, 노력하고 있는 것을 나타낸다.

① 毎日ニュースを聞くようにしています。
매일 뉴스를 듣도록 하고 있습니다.

② 夕食後はコーヒーを飲まないようにしています。
저녁 식사 후에는 커피를 마시지 않도록 하고 있습니다.

③ お金を貯めなければならないので、
　　　　　　　　　　ようにしています。
돈을 모아야 하기 때문에,　　　　　　　도록 하고 있습니다.

> **Tip!**
> 동사 원형 +
> ようにしています。
>
> 동사 부정형 +
> ないようにしています。

03 会話
필수! BIZ 회화

상황 ① ▶ 성격의 장단점 🎧

私の長所はコツコツと努力を継続できる点です。大学1年生から1日30分の英語学習を毎日続けてきました。授業の空き時間や電車の移動時間も活用して勉強した結果、最初は420点しかなかったTOEICのスコアを805点まで上げることができました。このように小さな努力を積み上げていけるのが私の長所です。一方で、短所は新しいことを始めるのが少し苦手な点です。始めたことは長く続ける**タイプ** 〔표현❶〕なので、考えすぎて行動に移すのに時間がかかることがあります。この短所を克服するため「無理なくできるところからスタートする」ということを心がける**ようにしています**。〔표현❸〕**例えば、**〔표현❷〕運動を1から始めるのは大変なので、まずは「エスカレーターを使わないこと」にチャレンジしています。

확인 질문

Q.1 どんなことを継続したと言っていますか。

Q.2 この人の短所はどんなアピールになると思いますか。

보충 어휘　コツコツと 열심히, 부지런히 ｜ このように 이렇게, 이처럼 ｜ 積つみ上あげる 쌓아 올리다
　　　　　　行動こうどうに移うつす 행동에 옮기다, 실행하다

第4課・性格・人間性　성격・인간성

상황 ❷ ▶ 일할 때 중요하다고 생각하는 것

仕事をする上で大切な事は、一緒に働く人とのコミュニケーションだと考えています。私は飲食店のホールスタッフのリーダーを務めた経験があります。お昼の時間にはいつも行列ができる人気店でした。お客様をお待たせしないために、忙しい時はお互いにフォローし合うチームワークが必要でした。そこで、日頃からスタッフ同士のコミュニケーションがよくなるように努力しました。毎日その日のスタッフ全員を集めて挨拶したり、声をかける時は必ず名前を呼び合うようにしました。お互いの距離が近くなれば、仕事でも配慮し合うことができるからです。そのおかげでチームワークの良さが他店でも評判となり、やりがいを感じながら働くことができました。これは私にとって社会人として成長する重要な経験だったと思います。

확인 질문

Q.1 この人はどんな仕事をしていましたか。

Q.2 スタッフ同士フォローし合うためにどうしましたか。

보충 어휘　務めめる 맡다 ｜ お待たせする 기다리게 하다 (待つ의 사역형) ｜ フォロー 팔로우(follow), 보조
　　　　　日頃ひごろ 항상, 평소 ｜ 挨拶あいさつ 인사

04 文法
필수! BIZ 문법

---

01 명사 + ~にとって ~에게, ~에 있어서

★ 판단이나 평가의 기준이 되는 것을 나타낸다.

例 スポーツ選手にとって、健康管理は何より大切です。
　　스포츠 선수에게 있어서, 건강 관리는 무엇보다 중요합니다.

例 私にとって、ペットは家族のような存在です。
　　제게 있어 반려동물은 가족과 같은 존재입니다.

選手せんしゅ 선수
健康管理けんこうかんり 건강 관리
~のような ~와 같은
存在そんざい 존재

✎ 문형을 사용하여 작문해 봅시다.

① 私にとって、_____。

---

02 동사 + 上で ~하는 데 있어서

★ 앞으로 진행할 일·목적을 나타내고, 그 목적에 필요한 일, 주의점, 문제점 등을 말한다.

例 働く上で大切なことは、責任感だと思います。
　　일하는 데 있어서 중요한 것은, 책임감이라고 생각합니다.

例 日本で生活する上で注意しなければならないのはマナーです。
　　일본에서 생활하는 데 있어서 주의해야 할 것은 매너입니다.

✎ 문형을 사용하여 작문해 봅시다.

① _____ 上で重要なのは _____。

05 質問の回答
나만의 답변 만들기

30초에서 2분 가량의 나만의 답변을 만들어 봅시다.

 長所や短所は何ですか。

Script

❶ 長所

❷ 短所

❸ 短所を克服するための努力

 仕事をする上で重要なことは何だと思いますか。

Script

❶ 仕事をする上で重要なこと

❷ あなたにとって仕事とは

06 ロールプレー
필수! BIZ 롤플레이

학습한 주요 어휘 및 표현을 활용하여, 다음과 같은 상황에서 파트너와 롤플레이를 진행해 봅시다.

状況(じょうきょう) 경력에 대한 질의응답 후, 지원자의 성격과 인간성을 엿볼 수 있는 주제로 면접이 진행됩니다.

面接官(めんせつかん)
다음 항목들 중 골라 지원자에게 질문해 봅시다.
지원자가 생각하는 자신의 장점 / 일할 때 중요하다고 생각하는 것 / 대인 관계 / 스트레스 해소법

志望者(しぼうしゃ)
면접관의 질문에 대해 본인의 생각이나 경험을 구체적으로 답변하는 연습을 해 봅시다.

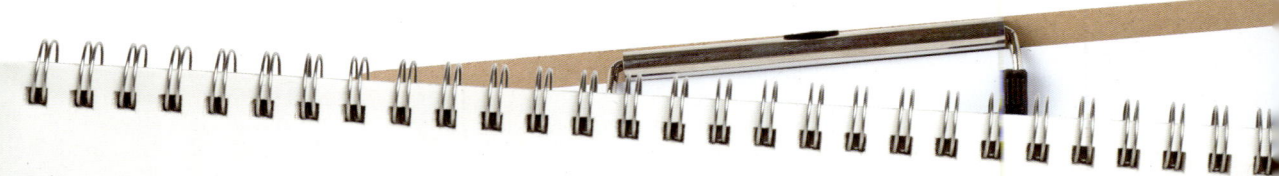

面接(めんせつ) Tip!
구체적으로 말하기

행동 중심으로 말하자
경험에 대해서 이야기할 때 중요한 것은, '어떻게 생각했는지' 보다 '어떻게 행동했는지'에 대해 말하는 것이다.

Bad メンバーとの人間関係(にんげんかんけい)を大切(たいせつ)にし、どんな問題(もんだい)が起(お)きてもあきらめずに頑張(がんば)りました。
동료와의 인간관계를 소중히 여기고, 어떤 문제가 일어나도 포기하지 않고 노력하였습니다.

Good 体調(たいちょう)の悪(わる)いメンバーの代(か)わりに仕事(しごと)をしたり、会議(かいぎ)で話(はな)さないメンバーとも一人(ひとり)ひとり話(はなし)を聞(き)くようにしました。
몸이 안 좋은 동료를 대신하여 일을 한 적이 있고, 회의 중 잠자코 있는 동료에게는 한명 한 명 의견을 물어보았습니다.

숫자를 활용하자
"열심히 했다", "여러가지 일을 했다", "좋은 결과를 낼 수 있었다"라고 말해도, 면접관의 머릿속에 명확히 그림을 그려주지 못하면 어필이 되지 않는다.

Bad 一生懸命勉強(いっしょうけんめいべんきょう)しました。 열심히 공부했습니다.

Good 半年間(はんとしかん)、毎日(まいにち)30個(こ)ずつ単語(たんご)を覚(おぼ)えました。 반 년간, 매일 30개씩 단어를 외웠습니다.

5課 志望動機
지원동기

학습목표
① 회사의 어떤 부분에 매력을 느껴 지원하게 되었는지 말할 수 있다.
② 입사 후 어떤 비전을 가지고 있는지, 회사에 어떻게 기여할 수 있는지 말할 수 있다.

주요패턴
- ~たいと思い志望しました。   ~하고 싶어서 지원하였습니다.
- ~に魅力を感じました。   ~에 매력을 느꼈습니다.

イメージトーク
이미지 토크

다음 사진을 보면서 아래의 키워드를 활용하여 주어진 상황에 대해 일본어로 말해 봅시다.

| Key Words | 理念(りねん) | 意欲(いよく) | 夢(ゆめ) | 条件(じょうけん) | 雰囲気(ふんいき) |

01 ▶ 당신에게 있어 좋은 회사란 어떤 회사입니까? 그 이유는 무엇입니까?
02 ▶ 회사를 선택할 때에 중요하게 생각하는 것은 무엇입니까?

당당한 비즈니스 일본어 | 면접 45

01 語彙(ごい)
필수! BIZ 어휘

아래 어휘를 따라 읽고 빈 칸을 채워 문장을 완성해 봅시다.

- □ 貴社(きしゃ) — 귀사(문어체)
- □ 弊社(へいしゃ) — 저희 회사(폐사)
- □ 業務(ぎょうむ) — 업무
- □ 評価(ひょうか) — 평가
- □ 携(たずさ)わる — 종사하다
- □ 魅力(みりょく) — 매력
- □ 違(ちが)い — 차이
- □ 選(えら)ぶ — 고르다
- □ 軸(じく) — 축, 사물의 중심
- □ 意欲(いよく) — 의욕
- □ 協力(きょうりょく) — 협력
- □ 得(え)る — 얻다
- □ 目標(もくひょう) — 목표
- □ 夢(ゆめ) — 꿈
- □ 貢献(こうけん) — 공헌
- □ 根拠(こんきょ) — 근거
- □ 理念(りねん) — 이념
- □ 将来性(しょうらいせい) — 장래성
- □ 情報(じょうほう) — 정보
- □ 雰囲気(ふんいき) — 분위기

✓ 나오는 면접 질문

なぜ弊社(へいしゃ)を志望(しぼう)しましたか。 왜 저희 회사를 지원하였습니까?

➡ 지원동기는 면접 필수 질문으로 꼭 준비해야 하는 문항이다. 먼저, 자신의 장기적 목표나 비전이 무엇이며, 그것을 이루기 위해 이 회사에 지원했음을 명시한다. 또한, 같은 업종의 타사와 비교하여 지원 회사의 경쟁력을 강조하며 자신이 업계 및 기업에 대해 제대로 연구하였음을 어필한다. 마지막으로, 지원 회사의 사업 내용과 자신이 하고 싶은 일이 일치함을 강조하며 회사의 일원으로서 무엇을 해낼지를 말하며 마무리한다.

会社(かいしゃ)を選(えら)ぶ基準(きじゅん)は何(なん)ですか。 회사를 선택하는 기준은 무엇입니까?

➡ 회사를 선택하는 기준을 1~2개 이내로 정한다. 기준이 무엇인지 결론부터 말하고, 어떤 근거로 그런 생각을 하게 되었는지 경험담을 이야기한다. 특히, 해당 상황에서 어떻게 행동하였는지 인간성을 어필하는 자기 PR식 답변으로 연결한다.

02 表現
필수! BIZ 표현

아래 문장을 읽고, 패턴을 활용해 새로운 문장을 만들어 봅시다.

01　~たいと思い　~하고 싶어서

1. 食品加工の分野で貢献したいと思い、御社に関心を持ちました。
   식품 가공의 분야에서 공헌하고 싶어 귀사에 관심을 가지게 되었습니다.

2. 日本の文化を学びたいと思い、留学しました。
   일본문화를 배우고 싶어서 유학을 갔습니다.

3. 　　　　　　　　　　たいと思い、　　　　　　　　　。
   　　　　　　　　　고 싶어서

02　志望しました。= 志望いたしました。 지원하였습니다.

1. グローバルな事業内容に関心を持ち、志望しました。
   글로벌한 사업 내용에 관심이 있어 지원하였습니다.

2. システム開発の専門家になりたいという理由で、志望いたしました。
   시스템 개발 전문가가 되고 싶다는 이유로 지원하였습니다.

3. 　　　　　　　　　　　　　　　　　志望いたしました。
   　　　　　　　　　　　　　　지원하였습니다.

> **Tip!**
> いたすは する의 겸양어이다.
>
> 'OO회사에 지원한다'라고 할 때는 志願(しがん)(지원)이 아니라 志望(しぼう)(지망)이라는 표현이 맞다.

03　~に魅力を感じました。= ~に惹かれました。 ~에 매력을 느꼈습니다.

1. 御社の業務スタイルに魅力を感じました。
   귀사의 업무 스타일에 매력을 느꼈습니다.

2. 上下関係にとらわれない社風に惹かれました。
   상하 관계에 얽매이지 않는 회사 분위기(사풍)에 매력을 느꼈습니다.

3. 御社の　　　　　　　　　　　　　　　　　に魅力を感じました。
   귀사의　　　　　　　　　　　　　　　　　어 매력을 느꼈습니다.

03 会話
필수! BIZ 회화

상황 ❶ ▶ 회사 지원 동기

私はホテルでの仕事を全般的に学び、お客様に最高の思い出を提供**したいと思い**、御社を**志望しました**。御社は宿泊、レストラン、宴会の全てを自社ホテルで運営し、その全てで高い評価を受けていらっしゃいます。社員が一つの業務だけを担当するのではなく、全ての業務に携われること**にも魅力を感じました**。また、お客様へのサプライズを自分のアイディアで行えることなど、お客様のことを考える力を身に付けられる環境だと思いました。私も学生時代にホテルのレストランでアルバイトした経験と、カナダ留学を通して身に付けた英語の能力を活かして、様々な分野でより高いレベルの接客を行えるよう、スキルアップ**したいと思います**。

확인 질문

Q.1 このホテルのどんなところがいいと言っていますか。

Q.2 この人の仕事に役立つスキルは何ですか。

보충 어휘　全般的ぜんぱんてきに 전반적으로 | 思おもい出で 추억 | 全すべて 전부, 모두 | 運営うんえい 운영

상황 ❷ ▶ 회사를 선택하는 기준 🎧

私の企業選びの軸は2つあります。1つは、サービスを使ってくださるお客様の近いところで仕事ができることです。私は、インターンシップでWEBサイトを運用していた経験があります。そのときにお客様から改善案や感謝の言葉をもらいながら仕事ができることに非常にやりがいを感じ、自分に足りない技術を勉強する意欲につながりました。もう1つは社員同士の連携を大切にすることです。プロジェクトを担当した時、チーム以外の同僚の協力でいいアイディアを出すことができました。お互いの専門性を集めれば、よりよい結果が得られると考えます。

확인 질문

Q1 この人の会社選びの軸は何ですか。(2つ)

Q2 どうして社員同士の連携が大切なのでしょうか。

보충 어휘　運用うんよう 운용 | 改善案かいぜんあん 개선안 | 感謝かんしゃの言葉ことば 감사말 | 非常ひじょうに 매우, 상당히 | 足たりない 부족하다 | つながる 이어지다, 연결되다 | 連携れんけい 연계 | 大切たいせつにする 중요시하다

04 文法
필수! BIZ 문법

01　~していらっしゃいます。 ~하고 계십니다. (존경어)

★ 존경어는 동작하는 사람을 높여 공경하는 마음을 나타낼 때 쓰인다.

例　マーケティングに力を入れていらっしゃいます。
　　마케팅에 주력하고 계십니다.

例　社長は社員との関係を大切にしていらっしゃいます。
　　사장님은 사원과의 관계를 중요시하고 계십니다.

マーケティング 마케팅
力を入れる 주력하다
関係(かんけい) 관계

✎ 문형을 사용하여 작문해 봅시다.
① 御社は、　　　　　　　　　　　　　　　　　　　　　　　　　　　。

02
(겸양어)
拝見しました。　보았습니다.
伺いました。　들었습니다. 물어 보았습니다. 찾아 뵈었습니다.
致しました。　했습니다.

★ 겸양어는 자신을 낮추어 높이는 상대방에게 하는 행동을 나타낼 때 쓰인다.

見ました。　→　拝見しました。
聞きました。→　伺いました。
しました。　→　致しました。

例　御社のホームページを拝見しました。
　　귀사의 홈페이지를 보았습니다.

例　会社説明会で、お話を伺いました。
　　회사 설명회에서 말씀을 들었습니다.

ホームページ 홈페이지
説明会(せつめいかい) 설명회

✎ 문형을 사용하여 작문해 봅시다.
①　　　　　　　　　　　　　　　　　　　　　　　　　拝見しました。

05 質問の回答
나만의 답변 만들기

30초에서 2분 가량의 나만의 답변을 만들어 봅시다.

 なぜ弊社を志望しましたか。

Script

❶ 入社後の目標

❷ 他の会社と違う魅力

❸ 会社に貢献するためにできること

 会社を選ぶ基準は何ですか。

Script

❶ 会社を選ぶ上で重要なこと

❷ そう思う理由、根拠になる経験

06 ロールプレー
필수! BIZ 롤플레이

학습한 주요 어휘 및 표현을 활용하여, 다음과 같은 상황에서 파트너와 롤플레이를 진행해 봅시다.

状況(じょうきょう): 성격 및 인간성에 대한 질의응답 후, 지원자의 지원동기에 대한 주제로 면접이 진행됩니다.

面接官(めんせつかん)
다음 항목들 중 골라 지원자에게 질문해 봅시다.
지원동기 / 관심분야 / 회사에서 달성하고자 하는 목표 / 회사를 선택하는 기준

志望者(しぼうしゃ)
면접관의 질문에 대해 본인의 생각이나 경험을 구체적으로 답변하는 연습을 해 봅시다.

面接(めんせつ) Tip!
기업 정보 수집하기

会社説明会(かいしゃせつめいかい) 회사 설명회
설명회가 개최되는 시기는 3월~5월이 일반적이다.

참가 일정 :
① 여러 날을 참석할 수 있도록 많은 기업이 실시하고 있으므로, 일정이 겹치지 않도록 관심 있는 회사의 날짜를 확인한다.
② 많은 기업이 수일에 걸쳐 설명회를 실시하고 있기 때문에 관심 있는 곳의 설명회를 모두 참석하고자 한다면 일정이 겹치지 않도록 각각의 날짜를 확인한다.

참가 방법 : Web이나 전화로 사전에 예약을 하는 경우가 많다. 예약제나 정원제의 경우도 있어 미리 확인하는 것이 좋다.

就職博覧会(しゅうしょくはくらんかい) 취업 박람회
국내에서는 일본 취업 박람회가 활발하게 열리는 편이다. 한국무역협회와 일본기업이 공동 주최하는 'KITA 일본채용박람회', 사단법인한일협회에서 매년 개최하는 '일본유학&취업박람회'(http://www.kojafair.org/) 등이 있으며, 교세라(Kyocera), 스미토모(Sumitomo)상사와 같은 손꼽히는 일본 글로벌 기업들이 활발히 채용을 진행하고 있으므로 국내의 일본 취업 준비생들에게 취업 박람회는 놓칠 수 없는 중요한 기회일 것이다.

就職情報(しゅうしょくじょうほう)サイト 취직 정보 사이트
일본 국내에서 일을 효율적으로 찾아내기 위해서는 구인 사이트를 활용할 것을 추천한다. 적극 활용해 보도록 하자.

Jobs in Japan(IT)   https://www.workinjapan.com/   NINJA   https://nextinjapan.com/
NIPPON仕事.COM   https://nipponshigoto.com/   ゴーウェル   https://gowell-jp.com/

6課 キャリアプラン

커리어 플랜

학습목표
① 입사 후 본인만의 단기적, 장기적 비전에 더해 말할 수 있다.
② 희망 직무와 그 이유를 본인의 능력과 비전을 근거로 하여 말할 수 있다.

주요패턴
- ~に携(たずさ)わりたいです。　　~에 종사하고 싶습니다.
- ~に貢献(こうけん)したいです。　　~에 공헌하고 싶습니다.
- ~が活(い)かせると思(おも)います。　　~를 살릴 수 있다고 생각합니다.
- ~を活(い)かして~したいです。　　~를 살려 ~하고 싶습니다.

イメージトーク
이미지 토크

다음 사진을 보면서 아래의 키워드를 활용하여 주어진 상황에 대해 일본어로 말해 봅시다.

| Key Words | 計画(けいかく) | 適応(てきおう) | 定年(ていねん) | 転職(てんしょく) | 経歴(けいれき) |

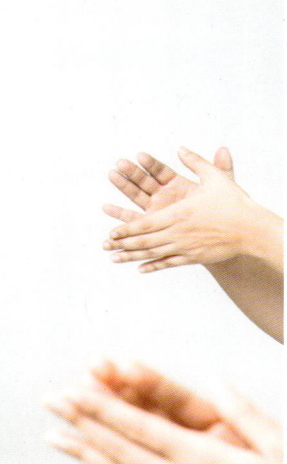

01 ▶ 일본에서 일하고자 하는 기간은 얼마 동안인가요? 그 이유는 무엇인가요?
02 ▶ 한 회사에서 오래 일하는 것에 대해 어떻게 생각하나요?

당당한 비즈니스 일본어 | 면접　53

01 語彙
필수! BIZ 어휘

아래 어휘를 따라 읽고 빈 칸을 채워 문장을 완성해 봅시다. 🎧

- ☐ 提供 (ていきょう) — 제공
- ☐ 様々な (さまざま) — 여러 가지
- ☐ 必要 (ひつよう) — 필요
- ☐ ~以内 (いない) — ~이내
- ☐ 資格 (しかく) — 자격
- ☐ 取得 (しゅとく) — 취득
- ☐ 導く (みちび) — 이끌다, 안내하다
- ☐ 力量 (りきりょう) — 역량
- ☐ 職種 (しょくしゅ) — 직종
- ☐ 取引先 (とりひきさき) — 거래처
- ☐ 伺う (うかが) — '묻다, 듣다'의 겸양어

꼭! 나오는 면접 질문

3年(ねん)、5年(ねん)、10年後(ねんご)のビジョンを教(おし)えてください。 3년, 5년, 10년 이후의 비전을 가르쳐 주세요.

➡ 기업은 짧은 기간 동안만 일하려는 사람을 채용하지 않는다. 서두에는 장래의 직업적 꿈이 무엇인지 밝히고, 입사 후 1~3년간 해야 한다고 생각하는 것에 대해 이야기 한다. 이후 5년차 정도일 때 자신의 목표 달성을 위해 해야 한다고 생각하는 것에 대해 이야기 한다. 마지막으로 10년 후 궁극적인 꿈의 실현으로 연결될 수 있는 목표를 이야기 하고, 그만큼 충성심 있게 오래 일할 것임을 어필한다.

希望職種(きぼうしょくしゅ)は何(なん)ですか。 희망 직종은 무엇입니까?

➡ 입사 후 하고 싶은 직무가 무엇인지 이야기하고, 그 직무를 희망하는 이유를 구체적으로 제시한다. 그리고 그 직무에 활용할 수 있는 자신의 능력을 구체적으로 제시하여 이유를 뒷받침한다.

02 表現(ひょうげん)
필수! BIZ 표현

아래 문장을 읽고, 패턴을 활용해 새로운 문장을 만들어 봅시다.

01 ~に携(たずさ)わりたいです。 ~에 종사하고 싶습니다.

1. 金融関係(きんゆうかんけい)の仕事(しごと)に携(たずさ)わりたいです。
   금융 관련 일에 종사하고 싶습니다.

2. 今度(こんど)のプロジェクトに携(たずさ)わりたいです。
   이번 프로젝트에 참여하고 싶습니다.

3. _____に関心(かんしん)があるので、_____に携(たずさ)わりたいです。
   _____에 관심이 많아서, _____에 종사하고 싶습니다.

Tip!
携わる는 "어느 일과 접점을 가지다"라는 의미로, 비즈니스 현장에서는 "무엇에 관계하고 있다, 종사하고 있다"라는 문맥으로 사용되는 일이 많다.

02 ~に貢献(こうけん)したいです。 ~에 공헌하고 싶습니다.

1. 御社(おんしゃ)の事業(じぎょう)に貢献(こうけん)したいです。
   이 회사의 사업에 공헌하고 싶습니다.

2. チームに貢献(こうけん)したいです。
   팀에 공헌하고 싶습니다.

3. 私(わたし)の_____の能力(のうりょく)で、_____に貢献(こうけん)したいです。
   저의 _____ 능력으로, _____에 공헌하고 싶습니다.

Tip!
貢献する는 무엇을 위해 힘을 기르고 기여하는 것으로, 寄与よき(기여)는 '위에서 아래로', 貢献こうけん(공헌)은 '아래에서 위로'라는 뉘앙스의 차이가 있다.

03 ~が活(い)かせると思(おも)います。 | ~を活(い)かして~したいです。
~를 살릴 수 있다고 생각합니다. | ~를 살려 ~하고 싶습니다.

1. 御社(おんしゃ)の業務(ぎょうむ)に私(わたし)の経験(けいけん)が活(い)かせると思(おも)います。
   귀사의 업무에 저의 경험을 활용할 수 있을 것입니다.

2. 語学力(ごがくりょく)を活(い)かして日本(にほん)で活躍(かつやく)したいです。
   어학 능력을 살려 일본에서 활약하고 싶습니다.

3. 今(いま)までの経験(けいけん)を活(い)かして_____したいです。
   지금까지의 경험을 살려 _____ 하고 싶습니다.

Tip!
活(い)かす는 사람이 가지고 있는 경험이나 지식, 물건이나 일에 대해서 사용한다.

03 会話
필수! BIZ 회화

상황 ① ▶ 커리어 플랜 🎧

将来は、事業全体を見る設計の仕事に携わりたいと考えています。クライアントのニーズを把握し、よりよいサービスを提供できるエンジニアになりたいです。そのため、様々なプロジェクトを経験してスキルアップすることが必要です。3年以内に日本語はもちろん、業務に必要な技術を勉強し、資格を取得するつもりです。5年後にはチームリーダーとして責任をもってプロジェクトを導くことができる力量を身に付け、会社に貢献したいです。10年後には、御社が提供していらっしゃるヘルスケアサービスのように、生活に役立つコンテンツを企画、設計することが目標です。

확인 질문

Q1. 入社したら何を身に付けたいと言っていますか。

Q2. この人の将来の夢は何ですか。

보충 어휘 全体ぜんたい 전체 | 設計せっけい 설계 | ニーズ 니즈, 요구, 수요 | 把握はあく 파악 | 企画きかく 기획

상황 ❷ ▶ 희망 직종 🎧

私が希望する職種は営業職です。

私の強みである「人と打ち解けるのが早い」ということを営業職なら活かせると 표현❸

感じたことも営業職を志望する理由です。私は相手の話を聞くことが好きで、

初めて会う人との会話が楽しいです。前の仕事でも、取引先の方との簡単な会話

の内容も忘れないようにメモし、次に会ったときに自分から質問するようにした

ところ、すぐに名前を覚えてくださいました。御社でも、お客様との関係を大切

にし、信頼される社員になりたいと思います。

✅ 확인 질문

Q1. この人はどうしてこの会社で営業職を希望しますか。

Q2. 仕事にどんな経験が活かせると言っていますか。

보충 어휘　打ぅち解とける 마음을 터놓다, 허물없이 친숙해지다 | 相手あいて 상대방 | ~たところ ~한 결과, ~(했)더니

04 文法
필수! BIZ 문법

01 ~なら… ~라면, ~다면

★ ~을 가정하고 …에 그것에 대해서 화자의 판단·명령·희망·의지 등을 말하는 경우에 사용한다.

例 日本で働くなら、漢字を勉強しなければなりません。
일본에서 일할 거라면, 한자를 공부해야 합니다.

例 御社でなら私の能力が活かせると思います。
이 회사에서라면 제 능력을 살릴 수 있을 거라고 생각합니다.

✎ 문형을 사용하여 작문해 봅시다.

1️⃣ 日本で _____ 。

02 명사 + のため(に) ~를 위해(서) | 동사 + ため(に) ~하기 위해(서)

★ 목적을 나타내며 의지적인 동작을 나타내는 동사에 쓰인다.

日本で就職するために、勉強しています。(O)
日本で就職できるために、勉強しています。(X)
→ 日本で就職できるように勉強しています。(O)

例 就職活動のために、黒いスーツを買いました。
취업활동을 위해 검은 정장을 샀습니다.

例 新しい車を買うために、貯金しています。
새 차를 사기 위해서 저금하고 있습니다.

就職活動 취업활동
スーツ 정장 / 양복

貯金 저금

✎ 문형을 사용하여 작문해 봅시다.

1️⃣ _____ のために、_____ 。

05 質問の回答
나만의 답변 만들기

30초에서 2분 가량의 나만의 답변을 만들어 봅시다.

3年、5年、10年後のビジョンを教えてください。

Script

❶ 将来の目標

❷ 3年後のビジョン

❸ 5年後のビジョン

❹ 10年後のビジョン

希望職種は何ですか。

Script

❶ 希望職種

❷ 希望する理由

❸ ことに活用できる能力

06 ロールプレー
필수! BIZ 롤플레이

학습한 주요 어휘 및 표현을 활용하여, 다음과 같은 상황에서 파트너와 롤플레이를 진행해 봅시다.

状況(じょうきょう): 지원동기에 대한 질의응답 후, 지원자의 향후 커리어 플랜에 대한 주제로 면접이 진행됩니다.

 面接官(めんせつかん): 다음 항목들 중 골라 지원자에게 질문해 봅시다.
단기·중기·장기적 비전 / 희망직종 / 입사 후 하고 싶은 일 / 기타 커리어 플랜

 志望者(しぼうしゃ): 면접관의 질문에 대해 본인의 생각이나 경험을 구체적으로 답변하는 연습을 해 봅시다.

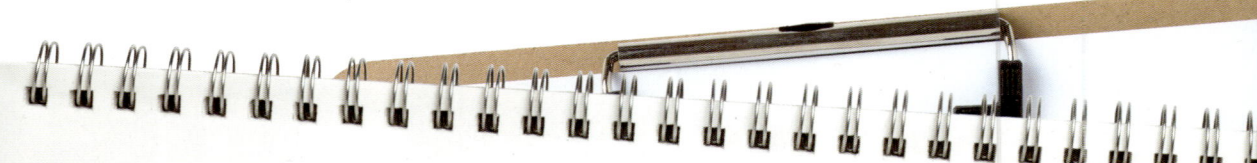

面接(めんせつ) Tip!
면접 후 퇴실

면접 직후의 인사

"これで本日(ほんじつ)の面接(めんせつ)は終了(しゅうりょう)です。" (이것으로 오늘의 면접을 마치겠습니다.)
라는 면접관의 말에, 일어서서 다음과 같은 감사 인사를 한 후, 가방을 든다.

"本日(ほんじつ)はお忙(いそが)しい中(なか)、面接(めんせつ)していただきありがとうございました。"
(바쁘신 와중에, 면접 감사합니다.)

일어서서 "では、失礼(しつれい)いたします。" (그럼, 실례하겠습니다.) 라고 말한 후 가방을 든다.

퇴실

문 바로 앞에서 면접관 쪽을 향해 "失礼(しつれい)いたします。" (실례하겠습니다.)
라고 가볍게 인사한 후 문을 열고 퇴실한다.

7課 その他のよくある質問
기타 자주 나오는 질문

학습목표
① 자신이 알고 있는 뉴스 정보를 객관적으로 전달하고, 의견을 덧붙여 말할 수 있다.
② 실패 경험과 극복 과정을 구체적으로 이야기할 수 있다.

주요패턴
- ~とのことです。 ~라고 합니다.
- ~という点です。 ~라는 점입니다.
- ~にもかかわらず ~임에도 불구하고

イメージトーク
이미지 토크

다음 사진을 보면서 아래의 키워드를 활용하여 주어진 상황에 대해 일본어로 말해 봅시다.

| Key Words | わだい
話題 | きょうみ
興味 | いんしょう
印象 | えいきょう
影響 | へんか
変化 |

01 ▶ 최근에 관심을 가진 뉴스는 무엇입니까? 이야기 해 봅시다.
02 ▶ 가장 인상에 남았던 면접 질문이 있나요? 질문을 받고, 그 기업에 대해 어떤 인상을 갖게 되었나요?

01 語彙(ごい)
필수! BIZ 어휘

아래 어휘를 따라 읽고 빈 칸을 채워 문장을 완성해 봅시다.

□ リピーター	리피터; 다시 방문하는 고객	□ 話題(わだい)	화제
□ 訪(おとず)れる	방문하다	□ 点数(てんすう)	점수
□ 発表(はっぴょう)	발표	□ 計画的(けいかくてき)	계획적
□ ~頃(ころ)	~경, 쯤	□ 触(ふ)れる	접촉하다, 접하다
□ 最高(さいこう)	최고	□ 意識(いしき)	의식
□ 更新(こうしん)	갱신	□ 増(ふ)やす	늘리다
□ 興味深(きょうみぶか)い	흥미롭다	□ 比(くら)べる	비교하다
□ 業界(ぎょうかい)	업계	□ 現状(げんじょう)	현상
□ 地域(ちいき)	지역	□ 満足(まんぞく)	만족

꼭 나오는 면접 질문

最近(さいきん)関心(かんしん)のあるニュースは何(なん)ですか。 요즘 관심이 있는 뉴스는 무엇입니까?

➡ 최근 관심이 있는 뉴스를 1개 골라 무엇인지 이야기 한다. 이 때, 지원하는 분야·업종과 관련된 주제에 대한 것이라면 직무 관심도와 준비도에서 좋은 평가를 받을 수 있다. 또, 가능한 한 숫자 데이터를 활용하여 답변의 신뢰도를 높여보자.

失敗(しっぱい)した経験(けいけん)について話(はな)してください。 실패한 경험에 대해 이야기 해 주십시오.

➡ 인생에서 실패했던 순간을 1가지 골라 무엇이었는지 이야기 한다. 중요한 것은, 단순히 나의 실패담을 면접관에게 전하는 것에 그쳐서는 안 되며 실패를 경험한 후 어떻게 대처하고 극복해 나아갔는지에 대해 강조하는 것이다.

02 表現(ひょうげん)
필수! BIZ 표현

아래 문장을 읽고, 패턴을 활용해 새로운 문장을 만들어 봅시다.

01 ~とのことです。 ~라고 합니다.

① 佐藤(さとう)さんから、明日(あす)までに連絡(れんらく)してほしいとのことです。
사토우 씨가 내일까지 연락해 달라고 합니다.

② 先月(せんげつ)の地震(じしん)で大(おお)きな被害(ひがい)があったとのことです。
지난 달 지진으로 큰 피해가 있었다고 합니다.

③ A社(しゃ)から連絡(れんらく)がありました。　　　　　　　　　　とのことです。
A사에서 연락이 왔었습니다. 　　　　　　　　　　라고 하십니다.

Tip! 다른 사람이 들은 이야기를 상대방에게 전할 때 사용하는 표현. 윗사람에게 말을 전할 때 사용한다.

02 ~という点(てん)です。 ~라는 점입니다.

① 興味深(きょうみぶか)いのは、リピーターが多(おお)いという点(てん)です。
흥미로운 것은, 다시 방문하는 고객이 많다는 점입니다.

② 特(とく)に魅力的(みりょくてき)だったのは、外国人社員(がいこくじんしゃいん)が多(おお)いという点(てん)でした。
특히 매력적이었던 것은, 외국인 직원이 많다는 점이었습니다.

③ 私(わたし)が関心(かんしん)を持(も)ったのは　　　　　　　　　　
という点(てん)です。
제가 관심을 가진 것은 　　　　　　　　　　라는 점입니다.

Tip! 특히 주목할 만한 점을 강조할 때 사용한다.

03 ~にもかかわらず ~임에도 불구하고

① 彼(かれ)は1か月前(げつまえ)に日本(にほん)へ来(き)たにもかかわらず日本語(にほんご)がぺらぺらです。
그는 1달 전에 일본에 왔음에도 불구하고 일본어가 유창합니다.

② あそこのレストランはおいしいにもかかわらずお客(きゃく)さんがいません。
저기 레스토랑은 맛있음에도 불구하고 손님이 없습니다.

③ 　　　　　　　　　　にもかかわらず、
いい結果(けっか)を出(だ)すことができませんでした。
　　　　　　　　　　임에도 불구하고, 좋은 결과를 내지 못하였습니다.

Tip! 예상과는 다른 결과일 때 사용한다. 화자의 놀라움, 의외, 불만, 비난 등의 기분을 나타낸다.

03 会話
필수! BIZ 회화

상황 ① ▶ 관심이 있는 뉴스 🎧

私が関心を持った記事は、日本を訪れた外国人観光客の数についてです。観光庁の発表によると、訪日外国人客数は特に2012年頃から年々増加していて、過去最高を更新し続けている**とのことです**。特に興味深い点は、初めての訪日だった人が38%なのに対し、2回目以上の人が62%**という点**です。初めて訪れた人がどんなことに魅力を感じたのか、旅行業界志望の私にはとても興味深いところです。私自身も日本に何度も旅行に行った経験があり、どれもいい思い出ばかりです。日本は、どの地域に行っても安心して旅行を楽しめるというイメージと、地域ごとに有名なものがあり、話題の食べ物があります。そんな地方ごとの魅力が、リピーターを呼ぶのではないかと思います。

확인 질문

Q1. この人が記事の中で特に興味を持った点は何ですか。

Q2. 2回目以上日本を訪れる人が多い理由について、この人はどう思っていますか。

보충 어휘   数かず 수 | 観光庁かんこうちょう 관광청 | 訪日ほうにち 방일; 일본을 방문함 | 年々ねんねん 해마다
~に対たいし ~에 반해서, ~에 대해, ~에게 | ごと 마다

상황 ❷ ▶ 실패한 경험 🎧

小学4年生から3年間アメリカに住んでいたにもかかわらず、大学に入って初めて受けたTOEICで、目標の点数を取ることができませんでした。周りの友達よりも話せるという自信から、あまり計画的に勉強しなかったからだと思いました。この失敗を踏まえて、毎日英語のニュースを聞き、海外のニュース記事を読むなどして、毎日英語に触れることを意識しました。その結果大学からの派遣留学生に選ばれました。留学先では少しでもネイティブの友達を増やすため、大学のダンスサークルに入りました。そして、帰国後にはTOEICの点数も、留学出発前に比べて80点上がりました。この経験を通して、自信のある事でも現状に満足せず、常に学ぶ気持ちを忘れずに努力することの大切さがわかりました。

🔍 확인 질문

Q1. 目標の点数が取れなかった理由は何だと言っていますか。

Q2. この人の、「自信のある事」とは何ですか。

보충 어휘　点数てんすうを取とる 점수를 따다 ｜ 踏ふまえる 디디다, 밟다 ｜ 派遣はけん 파견 ｜ 留学先りゅうがくさき 유학처
　　　　　　常つねに 항상

04 文法(ぶんぽう) 필수! BIZ 문법

01 명사 + ~によると ~에 의하면, ~에 따르면

★ 무엇으로 들었는지, 또는 누구로부터 들었는지 등 정보나 판단의 출처를 나타낸다.

例 天気予報(てんきよほう)によると、明日(あす)は雨(あめ)だそうです。
일기예보에 의하면, 내일은 비가 온다고 합니다.

例 今朝(けさ)のニュースによると、
外国人観光客(がいこくじんかんこうきゃく)の数(かず)は過去最高(かこさいこう)だとのことです。
오늘 아침 뉴스에 따르면 외국인 관광객 수는 역대 최고라고 합니다.

天気予報(てんきよほう) 일기 예보
明日(あす) 내일
今朝(けさ) 오늘 아침

✎ 문형을 사용하여 작문해 봅시다.

1) _____ によると、_____ 。

02 명사 + ~をふまえて ~을 바탕으로, ~을 전제로 하여

例 皆(みな)さんの意見(いけん)をふまえて、もう一度計画(いちどけいかく)を立(た)てました。
여러분의 의견을 바탕으로, 다시 한번 계획을 세웠습니다.

例 前回(ぜんかい)の試験(しけん)での失敗(しっぱい)をふまえて、今回(こんかい)は計画的(けいかくてき)に勉強(べんきょう)した。
지난번 시험에서의 실패를 딛고, 이번에는 계획적으로 공부했다.

計画(けいかく)を立(た)てる
계획을 세우다

前回(ぜんかい) 지난번

✎ 문형을 사용하여 작문해 봅시다.

1) _____ をふまえて、_____ 。

05 質問の回答
나만의 답변 만들기

30초에서 2분 가량의 나만의 답변을 만들어 봅시다.

 最近関心のあるニュースは何ですか。

Script

❶ 日本のニュースで関心を持ったこと

❷ 国際ニュースで関心を持ったこと

 失敗した経験について話してください。

Script

❶ 挫折、失敗の経験

❷ 失敗を克服する努力

06 ロールプレー
필수! BIZ 롤플레이

학습한 주요 어휘 및 표현을 활용하여, 다음과 같은 상황에서 파트너와 롤플레이를 진행해 봅시다.

状況(じょうきょう): 커리어 플랜에 대한 질의응답 후, 추가 돌발 질문들로 면접이 진행됩니다.

 面接官(めんせつかん): 다음 항목들 중 골라 지원자에게 질문해 봅시다.
요즘 관심 있는 최신 뉴스 / 실패한 경험

 **志望者(しぼうしゃ)**: 면접관의 질문에 대해 본인의 생각이나 경험을 구체적으로 답변하는 연습을 해 봅시다.

面接(めんせつ) Tip! 역질문을 받았을 때

면접 말미에 면접관이 지원자에게 "질문 있습니까?"라고 묻는 경우가 많다. 이 때, "없습니다."라고 말하는 것은 회사에 관심이 없다고 말하는 것과 같다. 면접관이 역질문을 하는 데에는 크게 두 가지의 이유가 있다.

❶ 지원자의 의욕을 알기 위해
❷ 소통 능력과 회사와의 궁합을 확인하기 위해

따라서, 역질문을 받았을 때는 다음과 같은 사항에 주의하여 대답하도록 하자.
① 회사의 홈페이지나 구인 정보 등으로 사전에 조사하면 알 수 있는 것은 되묻지 않는다.
② 면접관의 말을 반복하여 질문하지 않는다.
③ 급여와 휴일, 잔업시간, 연차를 내기 쉬운지 등 복지와 관련된 면만 질문하는 것은 실례이다.
④ 회사를 단지 경력 업그레이드의 수단이라고 생각하게 만들 수 있는 질문은 나쁜 인상을 줄 수 있다.
⑤ 면접관이 모를 것으로 예상되는 질문, 답변이 힘들 것 같은 질문은 하지 않는다.

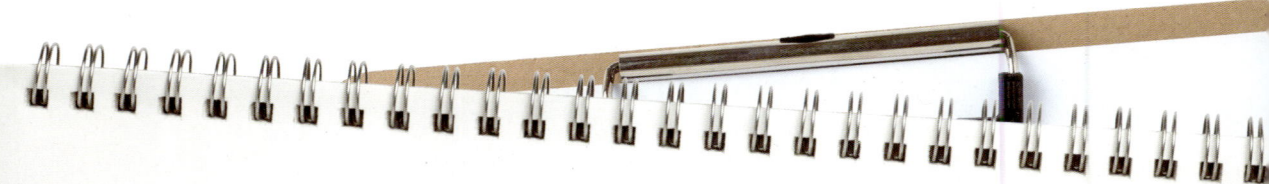

8課 自己PR
じこ

자기PR

학습목표
① 기업이 지원자에게 요구하는 인재상이나 역량에 맞추어 자기 PR을 할 수 있다.
② 자기소개와 자기PR의 차이점, 일본의 이력서 작성법에 대해 알 수 있다.

주요패턴

- ~として…しておりました。　　~로서 …하고 있었습니다.
- ~とともに　　　　　　　　　　~와 함께, 동시에
- ~(こと)はもちろん　　　　　　~(것)은 물론

イメージトーク
이미지 토크

다음 사진을 보면서 아래의 키워드를 활용하여 주어진 상황에 대해 일본어로 말해 봅시다.

| Key Words | きてい
規定 | じゆう
自由 | ていねい
丁寧 | せいい
誠意 | ひょうか
評価 |

01 ▶ 모든 기업 면접에 면접용 정장을 입는 것이 필수일까요? 이야기 해 봅시다.
02 ▶ 이력서나 자기소개서를 자필로 작성하는 것에 대해 어떻게 생각하나요?

01 語彙(ごい)
필수! BIZ 어휘

아래 어휘를 따라 읽고 빈 칸을 채워 문장을 완성해 봅시다. 🎧

- ☐ 関連(かんれん) — 관련
- ☐ 知識(ちしき) — 지식
- ☐ 真剣(しんけん)だ — 진지하다
- ☐ 専門(せんもん) — 전문
- ☐ 課程(かてい) — 과정
- ☐ 積(つ)み重(かさ)ねる — 거듭하다, 쌓다
- ☐ 実感(じっかん) — 실감
- ☐ 緊急(きんきゅう) — 긴급

- ☐ 対応(たいおう) — 대응
- ☐ 期日(きじつ) — 기일
- ☐ 確実(かくじつ) — 확실
- ☐ 作業(さぎょう) — 작업
- ☐ 引(ひ)き継(つ)ぐ — 인수인계하다, 이어받다
- ☐ 仕上(しあ)げる — 끝내다, 마무리하다
- ☐ やり直(なお)す — 다시 하다

꼭 나오는 면접 질문

自分(じぶん)のキャッチフレーズは何(なん)ですか。 자신의 캐치프레이즈(좌우명)은 무엇입니까?

➡ 1과에서 다루었던 '자기소개'는 이력서에 기재된 본인의 인적사항 위주로 간략하게 자신을 소개하는 것이라면, 본 과에서 다루는 '자기PR'은 직무 또는 가치관과 관련한 본인의 장점을 구체적인 스토리텔링을 통해 어필하는 것이다.

業務(ぎょうむ)に活(い)かせると思(おも)うスキルは何(なん)ですか。 업무에 활용할 수 있다고 생각하는 스킬은 무엇입니까?

➡ 지원한 직무와 관련하여 어떤 능력을 가지고 있는지 밝히고, 그 능력이 어떤 업무에 도움이 되는지, 해당 능력을 쌓기 위해 어떤 노력을 해 왔으며, 그 과정에서 무엇을 배웠는지 등을 언급한다.

02 表現(ひょうげん)
필수! BIZ 표현

아래 문장을 읽고, 패턴을 활용해 새로운 문장을 만들어 봅시다.

01 ~として…しておりました。 ~로서 …하고 있었습니다.

① 4年間(ねんかん)、プログラマーとして勤務(きんむ)しておりました。
4년 동안 프로그래머로서 근무하고 있었습니다. (근무했었습니다)

② 大学(だいがく)のサークルでリーダーとして活動(かつどう)しておりました。
대학교 동아리에서 리더로 활동하고 있었습니다. (활동했었습니다)

③ 　　　　　　　　　　　として
　　　　　　　　　　　しておりました。
　　　　로서　　　　　　　　했었습니다.

Tip!
~라는 입장·자격·역할·명목으로, …일을 했다는 의미이다.

「おりました」는 「いました」의 겸양어이다.

02 ~とともに ~와 함께, 동시에

① 時代(じだい)とともに、文化(ぶんか)も変(か)わってきました。
시대와 함께, 문화도 변해 왔습니다.

② 能力(のうりょく)を身(み)に付(つ)けるとともに、自信(じしん)も持(も)てるようになりました。
능력을 가지는 것과 동시에, 자신감도 가질 수 있게 되었습니다.

③ 　　　　　　　　　　　とともに、
私(わたし)たちの生活(せいかつ)は大(おお)きく変化(へんか)しました。
　　　　　　　　와 동시에, 우리의 생활은 크게 변화하였습니다.

Tip!
어떤 변화와 동시에 다른 것도 서서히 변화하는 것을 나타낼 때도 사용된다.

03 ~(こと)はもちろん ~(것)은 물론

① 日本(にほん)で働(はたら)くためには、日本語(にほんご)はもちろん、ビジネスマナーも重要(じゅうよう)です。
일본에서 일하기 위해서는, 일본어는 물론, 비즈니스 매너도 중요합니다.

② 時間(じかん)を守(まも)ることはもちろん、ミスのないように注意(ちゅうい)してください。
시간을 지키는 것은 물론, 실수가 없도록 주의해 주세요.

③ 健康(けんこう)のために、　　　　　　　　　はもちろん、
　　　　　　　　　　　　も必要(ひつよう)です。
건강을 위해,　　　　　　은(는) 물론,　　　　　　도 필요합니다.

03 会話
필수! BIZ 회화

상황 ❶ ▶ 신입 지원자의 자기PR

仕事に役立つ能力を在学中に身に付けようと考え、文書作成と表計算ソフトに関連する資格に挑戦し、半年間の勉強の末に取得することができました。この知識とスキルは、サークル活動の会計業務や新人勧誘のチラシ作り、ゼミのプレゼン資料作成などに役立っています。また、IT業界への就職を真剣に考えるようになってからは、専攻の勉強のかたわら、専門課程に通い、情報処理技師の資格を取得しました。この二つの資格の合格を通して、コツコツと積み重ねる大切さを実感する**とともに**、やれば出来るという自信を深めることができました。現在は、会社での業務のために日本語の実力向上**はもちろん**、誤字などの失敗をしないよう、漢字検定の勉強を始めました。目標は次の受験で2級に合格することです。

확인 질문

Q1. この人が今までに取得した資格は何ですか。

Q2. 資格についての話を通して、どんなことがアピールできているか考えましょう。

보충 어휘　~の末(すえ)に ~한 끝에, ~인 끝에 | チラシ 전단지, 광고지 | ゼミのプレゼン 세미나 프레젠테이션
　　　　　~かたわら ~함과 동시에, ~하는 한편 | 深(ふか)める 깊게 하다, 쌓다 | 受験(じゅけん) 수험, 시험을 치름

상황 ❷ ▶ 경력 지원자의 자기PR 🎧

私は4年間プログラマーとして勤務しており、50以上の案件に携わって参りました。スマートフォンアプリのプロジェクトでは、メンバー数十名のチームにメインのプログラマーの一人として参加し、課金機能の開発とともに、維持保守にも携わりました。オープン後に判明したバグの緊急対応など貴重な経験もそこで積むことができました。期日までに確実に作業を終わらせることはもちろんですが、プログラムを引き継ぐ担当者が確認しやすくなることを心がけておりました。短期間で仕上げる小規模な案件が得意で、ミスで手戻りが発生したことはありません。

手戻り '수습, 되돌아가기'의 의미로, 작업 도중에 큰 문제가 발견되어, 이전 단계로 되돌아가 다시 시작하는 것

확인 질문

Q.1 この人が志望している業種は何でしょうか。

Q.2 プロジェクトでどんな仕事を担当したと言っていますか。

보충 어휘 判明はんめいする 판명되다 | 得意とくいだ 자신 있다, 특기이다 手戻てもどり 재작업

04 文法(ぶんぽう)
필수! BIZ 문법

---

01 명사 + の末(すえ)(に) | 동사의 과거형 + た末(すえ)(に)　~(한) 끝에

★ 여러 가지를 한 끝에 이러한 결과가 되었다는 의미로 사용된다.

例 2年間(ねんかん)の勉強(べんきょう)の末(すえ)に大学(だいがく)に合格(ごうかく)しました。
　　2년간의 공부 끝에 대학에 합격하였습니다.

例 いろいろ考(かんが)えた末(すえ)、転職(てんしょく)することに決(き)めました。
　　여러 가지로 생각한 끝에 이직하기로 결정하였습니다.

✎ 문형을 사용하여 작문해 봅시다.

1 _____ た末(すえ)に _____ 。

---

02 명사 + (の)かたわら | 동사의 사전형 + かたわら　~함과 동시에, ~하는 한편

★ 전건을 하는 한편, 후건도 동시 진행하고 있는 것을 말한다. 직업이나 입장, 지위를 양립하고 있다고 말할 때 자주 사용한다.

例 大学(だいがく)の勉強(べんきょう)のかたわら、資格試験(しかくしけん)の準備(じゅんび)もしています。
　　대학 공부와 동시에, 자격증 시험 준비도 하고 있습니다.

例 現役選手(げんえきせんしゅ)として活躍(かつやく)するかたわら、コーチも務(つと)めています。
　　현역 선수로 활약하는 한편, 코치도 맡고 있습니다.

現役(げんえき) 현역
活躍(かつやく) 활약

✎ 문형을 사용하여 작문해 봅시다.

1 _____ かたわら、 _____ 。

05 質問の回答
나만의 답변 만들기

30초에서 2분 가량의 나만의 답변을 만들어 봅시다.

自分のキャッチフレーズは何ですか。

Script

❶ 自分を一言で表現

❷ それに関するエピソード

業務に活かせると思うスキルは何ですか。

Script

❶ 専攻に関する授業

❷ 専攻以外で関心を持った授業

06 ロールプレー
필수! BIZ 롤플레이

학습한 주요 어휘 및 표현을 활용하여, 다음과 같은 상황에서 파트너와 롤플레이를 진행해 봅시다.

状況(じょうきょう) 돌발 질문에 대한 질의응답 후, 지원자가 자기PR을 할 수 있는 주제로 면접이 진행됩니다.

面接官(めんせつかん) 다음 항목들 중 골라 지원자에게 질문해 봅시다.
좌우명 / 업무에 활용할 수 있는 능력 / 동아리 활동 / 자신을 물건이나 동물에 비유한다면

志望者(しぼうしゃ) 면접관의 질문에 대해 본인의 생각이나 경험을 구체적으로 답변하는 연습을 해 봅시다.

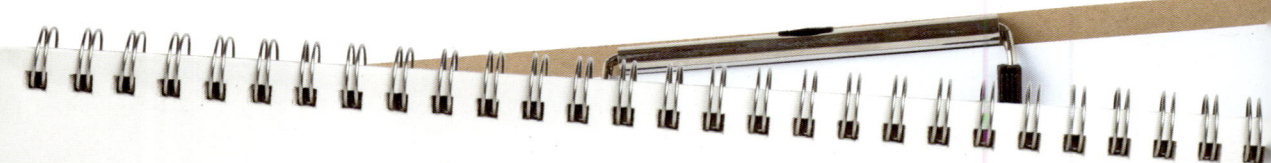

面接(めんせつ) Tip!
이력서(履歴書りれきしょ) 작성하기

1. 날짜
이력서 날짜에는 작성한 날짜를 적는다. 우편으로 보내는 경우에는, 발송한 날짜를 기재한다.

2. 성명
성명란에는 정식명칭을 기입한다. 그리고, "ふりがな"라고 쓰여 있는 경우에는 히라가나로, "フリガナ"라고 쓰여져 있는 경우에는 가타카나로 읽는 방법을 기입한다.

3. 학력
과거의 학력(모국에서의 학력 포함)을 오래된 순서대로 정확하게 기입한다.
졸업 예정인 경우에는 "卒業予定" 또는 "卒業見込み"라고 기재한다.

4. 경력
모국에서의 경력이 있는 경우에는, 경력도 기재한다.
이 때, 학력과 경력은 구분하여 기재하도록 한다.

5. 본인 희망 기입란
"본인 희망 기입란" 등 자유롭게 쓸 수 있는 공간은 공란으로 두지 않고, 잘 활용하여 자기PR을 하면 좋다. 지망 동기나 자기PR란이 따로 있는 경우에는 자신의 강점, 입사에 대한 열의 등을 간결한 문장으로 적어 넣는다. 또한, 근무지나 근무시간 등에 대해서는 "貴社の規定に準ずる" (회사의 규정에 준한다)라고 쓰는 것이 일반적이다. 특별히 바라는 점이 있다면, 그에 대해서도 기입해 넣는다.

付録
ふろく

부록

❶ 필수 어휘 & 보충 어휘 모음 78
❷ 본문 해설 모음 84

필수 어휘 & 보충 어휘

あ		
挨拶(あいさつ)	인사	4과
相手(あいて)	상대방	6과
憧れ(あこがれ)	동경	2과
明日(あす)	내일	7과
ある時(とき)	어느 때, 한때	3과

い		
活(い)かす	살리다, 활용하다	1과
意識(いしき)	의식	7과
異常(いじょう)	이상	3과
いつしか	어느덧, 어느새	2과
一緒(いっしょ)に	함께	4과
~以内(いない)	~이내	6과
意欲(いよく)	의욕	5과
印象(いんしょう)	인상	2과

う		
伺(うかが)う	'묻다, 듣다'의 겸양어	6과
打(う)ち解(と)ける	마음을 터놓다, 허물없이 친숙해지다	6과
運営(うんえい)	운영	5과
運用(うんよう)	운용	5과

え		
影響(えいきょう)を与(あた)る	영향을 주다	2과
影響(えいきょう)を受(う)ける (影響(えいきょう)される)	영향을 받다	2과
選(えら)ぶ	고르다	5과
得(え)る	얻다	5과

お		
おかげで	덕분에	4과
お互(たが)い	서로	4과
訪(おとず)れる	방문하다	7과
驚(おどろ)く	놀라다	2과
お待(ま)たせする	기다리게 하다 (待つ의 사역형)	4과
重(おも)い	무겁다	3과
思(おも)い切(き)って	과감히	3과
思(おも)い出(で)	추억	5과
御社(おんしゃ)	귀사(회화체)	1과

か		
解決(かいけつ)	해결	3과
改善案(かいぜんあん)	개선안	5과
書(か)き方(かた)	작성법	2과
確実(かくじつ)	확실	8과
学部(がくぶ)	학부	1과
傘(かさ)	우산	2과
貸(か)す	빌려주다	2과
数(かず)	수	7과
学科(がっか)	학과	1과
活動(かつどう)	활동	1과
活躍(かつやく)	활약	8과
課程(かてい)	과정	8과
悲(かな)しい	슬프다	3과

関係(かんけい)	관계	5과
観光庁(かんこうちょう)	관광청	7과
感謝の言葉(かんしゃのことば)	감사말	5과
関心(かんしん)	관심	1과
頑張る(がんばる)	열심히 하다	3과
関連(かんれん)	관련	8과

き

機会(きかい)	기회	1과
企画(きかく)	기획	6과
聞き出す(ききだす)	물어서 알아내다	3과
記事(きじ)	기사	1과
期日(きじつ)	기일	8과
貴社(きしゃ)	귀사(문어체)	5과
技術(ぎじゅつ)	기술	2과
貴重だ(きちょうだ)	귀중하다	1과
機能(きのう)	기능	2과
厳しい(きびしい)	엄격하다	1과
業界(ぎょうかい)	업계	7과
協調性(きょうちょうせい)	협조성	4과
興味(きょうみ)	흥미	3과
興味深い(きょうみぶかい)	흥미롭다	7과
業務(ぎょうむ)	업무	5과
協力(きょうりょく)	협력	5과
緊急(きんきゅう)	긴급	8과

く

具体的(ぐたいてき)	구체적	3과
工夫(くふう)	궁리	1과
比べる(くらべる)	비교하다	7과
苦労(くろう)	고생	3과

け

計画的(けいかくてき)	계획적	7과
計画を立てる(けいかくをたてる)	계획을 세우다	7과
経験(けいけん)	경험	1과
今朝(けさ)	오늘 아침	7과
決心(けっしん)	결심	2과
現役(げんえき)	현역	8과
健康管理(けんこうかんり)	건강 관리	4과
検査(けんさ)	검사	3과
現状(げんじょう)	현상	7과

こ

貢献(こうけん)	공헌	5과
更新(こうしん)	갱신	7과
行動(こうどう)	행동	3과
行動に移す(こうどうにうつす)	행동에 옮기다, 실행하다	4과
効率(こうりつ)	효율	1과
克服(こくふく)	극복	4과
心がける(こころがける)	명심하고 노력하다, 유의하다	4과
コツコツと	열심히, 부지런히	4과
ごと	마다	7과

子供（こども）	어린이, 아이	1과
こなす	잘 해내다, 잘 소화시키다	3과
このように	이렇게, 이처럼	4과
~頃（ころ）	~경, 쯤	7과
根拠（こんきょ）	근거	5과

さ

サークル	동아리	1과
歳、才（さい）	~세, ~살	1과
最高（さいこう）	최고	7과
作業（さぎょう）	작업	8과
様々な（さまざま）	여러 가지	6과
さらに	한층, 게다가, 더욱이	3과
賛成（さんせい）	찬성	2과

し

仕上げる（しあげる）	끝내다, 마무리하다	8과
資格（しかく）	자격	6과
仕方（しかた）	방법	1과
軸（じく）	축, 사물의 중심	5과
自信（じしん）	자신감	1과
~時代（じだい）	~시대, ~시절, ~때	1과
次第に（しだいに）	차츰, 점점	3과
親しみ（したしみ）	친근감	2과
実感（じっかん）	실감	8과
志望（しぼう）	지망	3과
志望校（しぼうこう）	지망학교	3과
社会問題（しゃかいもんだい）	사회문제	1과
就職（しゅうしょく）	취직	2과
就職活動（しゅうしょくかつどう）	취업활동	6과
習得（しゅうとく）	습득	2과
塾（じゅく）	학원	3과
受験（じゅけん）	수험, 시험을 치름	8과
出身（しゅっしん）	출신	1과
取得（しゅとく）	취득	6과
消極的（しょうきょくてき）	소극적	3과
情報（じょうほう）	정보	5과
将来性（しょうらいせい）	장래성	5과
職種（しょくしゅ）	직종	6과
真剣だ（しんけんだ）	진지하다	8과
人材（じんざい）	인재	2과
信頼（しんらい）	신뢰	4과

す

スーツ	정장, 양복	6과
優れる（すぐれる）	우수하다	2과
全て（すべて）	전부, 모두	5과

せ

性格（せいかく）	성격	4과
政治家（せいじか）	정치인	1과
成長（せいちょう）	성장	2과
責任感（せきにんかん）	책임감	4과
積極的（せっきょくてき）	적극적	1과
設計（せっけい）	설계	6과
説明会（せつめいかい）	설명회	5과

일본어	한국어	과
ゼミのプレゼン	세미나 프레젠테이션	8과
ぜんかい 前回	지난번	7과
せんこう 専攻	전공	1과
せんしゅ 選手	선수	4과
ぜんしょく 前職	전직	1과
ぜんたい 全体	전체	6과
ぜんぱんてきに 全般的に	전반적으로	5과
せんもん 専門	전문	8과

そ

そうだん 相談	상의, 상담, 의논	3과
そんざい 存在	존재	4과

た

たいおう 対応	대응	8과
だいがく 大学	대학교	1과
たいしょく 退職	퇴직	3과
たいせつさ 大切さ	소중함	3과
たいせつだ 大切だ	소중하다	3과
たいせつにする 大切にする	중요시하다	5과
たずさわる 携わる	종사하다	5과
たちば 立場	입장	1과
~たところ	~한 결과, ~(했)더니	6과
たびに 度に	~할 때마다	2과
たりない 足りない	부족하다	5과
たんきりゅうがく 短期留学	단기유학	1과
たんしょ 短所	단점	4과
たんとう 担当	담당	1과

ち

チームワーク	팀워크	4과
ちいき 地域	지역	7과
ちがい 違い	차이	5과
ちからをいれる 力を入れる	주력하다	5과
ちしき 知識	지식	8과
ちょうしょ 長所	장점	4과
ちょうせん 挑戦	도전	3과
ちょきん 貯金	저금	6과
チラシ	전단지, 광고지	8과

つ

つとめる 務める	맡다	4과
つながる	이어지다, 연결되다	5과
つねに 常に	항상	7과
つみあげる 積み上げる	쌓아 올리다	4과
つみかさねる 積み重ねる	거듭하다, 쌓다	8과
つよみ 強み	장점, 강점	2과

て

ていきょう 提供	제공	6과
てもどり 手戻り	재작업	8과
てんきよほう 天気予報	일기 예보	7과
てんしょく 転職	이직	3과
てんすう 点数	점수	7과
てんすうをとる 点数を取る	점수를 따다	7과

と

일본어	한국어	과
どうし 同士	~끼리	4과
とくいだ 得意だ	자신 있다, 특기이다	8과

特(とく)に	특히	1과
特有(とくゆう)	특유	2과
登山(とざん)	등산	1과
取引先(とりひきさき)	거래처	6과
努力(どりょく)	노력	1과

な

仲間(なかま)	함께 하는 친구, 친한 동료	4과

に

ニーズ	니즈, 요구, 수요	6과
~に対(たい)し	~에 반해서, ~에 대해, ~에게	7과
忍耐力(にんたいりょく)	인내심	4과

ね

年々(ねんねん)	해마다	7과

の

能力(のうりょく)	능력	1과
~かたわら	~함과 동시에, ~하는 한편	8과
~の末(すえ)に	~한 끝에, ~인 끝에	8과
~のような	~와 같은	4과

は

把握(はあく)	파악	6과
配慮(はいりょ)	배려	4과
派遣(はけん)	파견	7과
初(はじ)めて	처음으로, 처음	2과
発表(はっぴょう)	발표	7과
反対(はんたい)	반대	2과
判明(はんめい)する	판명되다	8과

ひ

引(ひ)き継(つ)ぐ	인수인계하다, 이어받다	8과
日頃(ひごろ)	항상, 평소	4과
非常(ひじょう)に	매우, 상당히	5과
必要(ひつよう)	필요	6과
評価(ひょうか)	평가	5과

ふ

フォロー	팔로우(follow), 보조	4과
深(ふか)い	깊다	3과
深(ふか)める	깊게 하다, 쌓다	8과
踏(ふ)まえる	디디다, 밟다	7과
不満(ふまん)	불만	1과
増(ふ)やす	늘리다	7과
触(ふ)れる	접촉하다, 접하다	7과
雰囲気(ふんいき)	분위기	5과
分野(ぶんや)	분야	3과

へ

弊社(へいしゃ)	저희 회사(폐사)	5과

ほ

ホームページ	홈페이지	5과
報告(ほうこく)する	보고하다	2과
訪日(ほうにち)	방일; 일본을 방문함	7과
他(ほか)の	다른	2과

ま

マーケティング	마케팅	5과
任(まか)される	맡다 (任(まか)すの 수동형)	1과
学(まな)ぶ	배우다	3과
満足(まんぞく)	만족	7과

	み		
導^{みちび}く		이끌다, 안내하다	6과
身^みに付^つける		습득하다, 익히다	3과
魅力^{みりょく}		매력	5과

	め		
目指^{めざ}す		지향하다, 목표로 하다	2과
メンバー		멤버	1과

	も		
目標^{もくひょう}		목표	5과
問題^{もんだい}		문제	3과

	や		
役^{やく}に立^たつ		도움이 되다	1과
優^{やさ}しい		상냥하다	1과
やりがい		보람	3과
やり直^{なお}す		다시 하다	8과

	ゆ		
夢^{ゆめ}		꿈	5과

	よ		
弱^{よわ}み		약점	4과

	り		
リーダーシップ		리더십	4과
力量^{りきりょう}		역량	6과
理念^{りねん}		이념	5과
リピーター		리피터; 다시 방문하는 고객	7과
留学先^{りゅうがくさき}		유학처	7과
留学^{りゅうがく}する		유학하다	2과
両親^{りょうしん}		부모, 양친	2과

	れ		
連携^{れんけい}		연계	5과

	わ		
ワーキングホリデー		워킹홀리데이	2과
話題^{わだい}		화제	7과

본문 해설 모음

1과 | 자기소개

상황 ❶ ▶ 신입 지원자의 자기소개

한국외국어대학교 일본어학부 일본문화학과 4학년 박동진이라고 합니다.
대학에서는 일본어와 일본 문화를 전공했고, 특히 오사카의 대학에 단기 유학한 이후에는, 일본의 사회 문제에 대해 관심을 가지고 공부했습니다.
취미는 등산이고, 동아리 회원들과 함께 2개월에 1번은 주말에 산에 오르고 있습니다.
일본에 가면, 언젠가 후지산에 올라가보고 싶다고 생각하고 있습니다.
오늘 잘 부탁 드립니다.

Q1. 박동진 씨는 대학 시절에 무엇에 관심이 있었습니까?
Q2. 박동진 씨는 일본에 가면 무엇을 하고 싶다고 말하고 있습니까?

상황 ❷ ▶ 경력 지원자의 자기소개

이혜영이라고 합니다.
한국대학교 경제학부에서 경영학을 전공했으며 졸업 후에는 마케팅 리서치 회사에서 2년간 근무했습니다.
전화 설문을 담당했을 때에는 대답하는 사람의 입장에 서서 질문하는 방법에 대해 고민하였습니다.
그 결과 47%로 나타난 응답률을 75%로 올릴 수 있었고 팀장을 맡은 경험이 있습니다.
귀사에서도 밝고 적극적인 성격과 그 동안의 경험을 살려서 일의 효율을 생각하는 직원이 되겠습니다.
오늘 이런 귀중한 기회를 주셔서 감사합니다.
일본어 면접은 처음이라 조금 떨리지만 열심히 하겠습니다.
잘 부탁 드립니다.

Q1. 이혜영 씨는 회사에서 무엇을 담당했습니까?
Q2. 이혜영 씨는 어떤 직원이 되고 싶다고 말하고 있습니까?

2과 | 일본취업

상황 ❶ ▶ 일본에 관심을 가지게 된 계기

제가 일본에 관심을 갖게 된 계기는 이모의 영향이었습니다.

저는 어렸을 때, 일본에 유학 중이던 이모가 한국에 돌아올 때마다, 귀여운 캐릭터 선물을 받기도 하고, 여행 갔을 때의 사진을 보기도 했습니다. 또, 제가 일본에 놀러 갔을 때, 이모의 일본 친구가 매우 친절하게 안내해 주셨고, 거리에는 쓰레기 하나 떨어져 있지 않다는 것에 놀랐습니다.

그런 경험에서 어느샌가 일본에 대해 친근감과 동경을 느끼게 되었습니다. 그래서, 대학교에서도 일본어를 전공해야 겠다고 생각했습니다.

Q1. 캐릭터 선물을 준 것은 누구입니까?
Q2. 왜 일본에 친근감과 동경을 느끼게 되었나요?

상황 ❷ ▶ 일본에서 취업하고 싶은 이유

저는 일본의 높은 기술력과, 제품개발 노하우를 배우고 싶다는 생각이 들어 일본에서의 취업을 결심했습니다.

평소에 일본의 문방구나 전자제품을 사는 경우가 많은데, 어느 것도 겉모양뿐만 아니라 그 제품을 사용하는 사람들을 생각하여 작은 부분까지 신경 쓰여져 있어 매우 기능적인 것에 감동했습니다.

처음에는 그냥 일제 물건에 대한 관심이었는데 점점 일본에 가서 기술을 배우고 싶다는 생각을 하게 되었습니다.

일본은 제품 속에 독자적인 이미지나 특유의 감성을 넣는 능력이 우수하다고 생각합니다. 그리고 이것은 다른 나라에서는 볼 수 없는 일본만의 강점이라고 생각합니다. 일본에서 일하면서 이러한 점들을 습득하여 새로운 아이디어를 실현시킬 수 있는 인재로 성장하고 싶습니다.

Q1. 이 사람은 일본에서 어떤 일을 하고 싶어 하나요?
Q2. 어떤 점이 일본의 강점이라고 말하고 있습니까?

3과 | 경력

상황 ❶ ▶ 학창시절에 열심히 한 일

제가 학창시절에 열심히 한 것은 학원 아르바이트입니다.
저는 수학을 잘해서 한때 중학교 3학년 수학을 담당하게 되었습니다. 공부하는 방법을 모르겠다는 학생이 있었고 수업에도 소극적이었습니다. 모르는 것을 알아내는데 고생했지만 수업 후에 15분, 한 명씩 면담하는 시간을 만들었습니다.
그것을 2개월 계속한 결과 학생과의 신뢰관계가 생겼고 수업 중에 적극적으로 질문을 받게 되었습니다.
가장 성적이 나빴던 학생도 40점대에서 80점대가 되고 전원이 지망 학교에 합격했을 때에는 정말 기뻤어요.
이 아르바이트를 통해, 단지 정해진 일을 능숙하게 해 내는 데 그치는 것이 아닌 문제점 해결을 위해 어떻게 행동할지 생각하는 것의 중요성을 배웠습니다.

Q1. 어떤 일에 대해 고생했다고 말하고 있습니까?
Q2. 문제 해결을 위해서 어떻게 행동했습니까?

상황 ❷ ▶ 전 직장을 퇴사한 이유

이전 회사를 그만둔 이유는 새로운 분야에 도전하고 싶었기 때문입니다.
전 직장에서는 영업 어시스턴트 일을 했습니다. 영업직 사원과 고객의 서포트를 하면서 문제를 해결해 나가는 것을 통해서, 커뮤니케이션의 어려움과 소중함을 배웠습니다.
보람 있는 일이었지만 점차 서포트 입장이 아닌 문제점을 직접 해결할 수 있는 기술력을 익히고 싶다는 생각을 하게 되었습니다. IT업계는 학생 때부터 관심이 있었으므로 과감히 그만두고 프로그래밍 기술 전문 과정에서 1년 동안 공부 했습니다.
앞으로는 더욱 전문적인 지식을 배우면서, 서포트 업무의 경험을 살려 고객에게 보다 편리한 서비스를 개발할 수 있는 인재가 되고 싶습니다.

Q1. 이 사람이 도전하겠다고 생각한 분야는 무엇입니까?
Q2. 이 사람은 퇴직 직후 바로 이직하였습니까?

4과 | 성격·인간성

상황 ❶ ▶ 성격의 장단점

저의 장점은 성실하게 노력을 이어갈 수 있다는 점입니다.
대학 1학년 때부터 하루 30분의 영어 학습을 매일 계속해 왔습니다. 공강이나 전철 이동 시간도 활용하여 공부한 결과 처음에는 420점밖에 안 되었던 TOEIC 점수를 805점까지 올릴 수 있었습니다. 이렇게 작은 노력을 쌓아갈 수 있는 것이 저의 장점입니다.
한편, 단점은 새로운 것을 시작하는 것이 조금 서툴다는 점입니다. 시작한 일은 오래 지속하는 타입이라 지나치게 생각이 많아 행동에 옮기는 데 시간이 걸릴 때가 있습니다. 이 단점을 극복하기 위해 "무리 없이 할 수 있는 부분부터 시작한다"는 것을 유념하고 있습니다.
예를 들어 운동을 1부터 시작하는 것은 힘들기 때문에, 일단은 '에스컬레이터를 사용하지 않기'에 도전하고 있습니다.

Q1. 어떤 일을 계속했다고 말하고 있습니까?
Q2. 이 사람의 단점은 어떤 어필이 될 거라고 생각합니까?

상황 ❷ ▶ 일할 때 중요하다고 생각하는 것

일을 하는데 있어서 중요한 것은 같이 일하는 사람과의 커뮤니케이션이라고 생각합니다.
저는 음식점 홀스태프의 리더를 맡은 경험이 있습니다. 점심시간에는 항상 줄을 서는 인기 가게였습니다.
고객을 기다리게 하지 않기 위해서 바쁠 때는 서로 부족한 것을 보충해 주는 팀워크가 필요했습니다.
그래서, 평소 스탭끼리의 커뮤니케이션이 잘 되도록 노력했습니다. 매일 그날의 모든 스태프들을 모아서 인사하거나 말을 걸 때는 반드시 이름을 부르도록 했습니다. 서로의 거리가 가까워지면, 업무 중에도 서로 배려할 수 있기 때문입니다. 그 덕분에 좋은 팀워크가 다른 가게에서도 좋게 평판이 났고 보람을 느끼며 일할 수 있었습니다. 이것은 저에게 있어 사회인으로 성장하는 중요한 경험이었다고 생각합니다.

Q1. 이 사람은 어떤 일을 했었습니까?
Q2. 스태프끼리 부족한 것을 보충하기 위해 어떻게 했습니까?

5과 | 지원동기

상황 ❶ ▶ 회사 지원 동기

저는 호텔에서의 일을 전반적으로 배우고 고객에게 최고의 추억을 제공하고 싶어서 귀사를 지망했습니다.
귀사는 숙박, 레스토랑, 연회의 모든 것을 자사 호텔에서 운영하며 그 모든 것에서 높은 평가를 받고 계십니다. 사원이 하나의 업무만을 담당하는 것이 아니라 모든 업무에 참여하는 것에도 매력을 느꼈습니다. 또한, 고객을 위한 서프라이즈를 자신의 아이디어로 해 볼 수 있는 것 등, 고객을 생각하는 힘을 기를 수 있는 환경이라고 생각했습니다.
저도 학창시절에 호텔 레스토랑에서 아르바이트를 했던 경험과 캐나다 유학을 통해 습득한 영어 능력을 살려 여러 분야에서 보다 높은 수준의 접객을 할 수 있도록 스킬을 쌓고 싶습니다.

Q1. 이 호텔의 어떤 점이 좋다고 말하고 있습니까?
Q2. 이 사람의 일에 도움이 될 스킬은 무엇입니까?

상황 ❷ ▶ 회사를 선택하는 기준

저의 기업 선택의 기준은 2개 있습니다.
하나는 서비스를 사용해 주시는 고객의 가까운 곳에서 일을 할 수 있는 것입니다.
저는 인턴십으로 웹사이트를 운용했던 경험이 있습니다. 그 때 고객으로부터 개선 방안과 감사의 말을 들으며 일할 수 있는 것에 매우 보람을 느꼈고 제게 부족한 기술을 공부할 의욕으로 이어졌습니다.
또 하나는 사원끼리의 연계를 중요시하는 것입니다.
프로젝트를 맡았을 때, 팀 이외의 동료들의 협력으로 좋은 아이디어를 낼 수 있었습니다. 서로의 전문성을 모으면, 보다 좋은 결과를 얻을 수 있다고 생각합니다.

Q1. 이 사람의 기업 선택의 기준은 무엇입니까? (2가지)
Q2. 왜 사원끼리의 연계가 중요한 것일까요?

6과 | 커리어 플랜

상황 ❶ ▶ 커리어 플랜

장래에는, 사업 전체를 보는 설계일에 종사하고 싶다고 생각하고 있습니다. 클라이언트의 니즈를 파악하고 보다 나은 서비스를 제공할 수 있는 엔지니어가 되고 싶습니다.

그것을 위해, 여러 가지 프로젝트를 경험하며 기술력을 높이는 것이 필요합니다. 3년 이내에 일본어는 물론 업무에 필요한 기술을 공부하고 자격을 취득할 생각입니다.

5년 후에는 팀 리더로서 책임을 가지고 프로젝트를 이끌 수 있는 역량을 익혀 회사에 공헌하고 싶습니다.

10년 후에는 귀사가 제공하고 계신 헬스케어 서비스처럼 생활에 도움이 되는 컨텐츠를 기획, 설계하는 것이 목표입니다.

Q1. 입사하면 무엇을 익히고 싶다고 말하고 있습니까?
Q2. 이 사람의 장래 희망은 무엇입니까?

상황 ❷ ▶ 희망 직종

제가 희망하는 직종은 영업직입니다.

저의 강점인 "사람과 쉽게 친해진다"는 점을 영업직에서라면 살릴 수 있을 거라고 느낀 것도 영업직을 지망하는 이유입니다. 저는 상대방의 이야기를 듣는 것을 좋아하고, 처음 만나는 사람과의 대화가 즐겁습니다. 예전 직장에서도 거래처 분과의 간단한 대화 내용도 잊어 버리지 않게 메모하고 다음에 만났을 때 제가 먼저 질문하자 바로 이름을 기억해 주셨습니다.

귀사에서도 고객과의 관계를 소중히 여기고 신뢰받는 사원이 되고 싶습니다

Q1. 이 사람은 왜 이 회사에서 영업직을 희망합니까?
Q2. 업무에 어떤 경험을 살릴 수 있다고 말하고 있습니까?

7과 | 기타 자주 나오는 질문

상황 ❶ ▶ 관심이 있는 뉴스

제가 관심을 가진 기사는 일본을 방문한 외국인 관광객 수에 대한 것입니다. 관광청 발표에 따르면 방일 외국인 방문객 수는 특히 2012년부터 해마다 증가하고 있어 사상 최고치를 계속해서 경신하고 있다고 합니다.

특히 흥미로운 점은 처음 일본에 방문한 사람이 38%인데 반해, 두 번 이상인 사람이 62%라는 점입니다. 처음 방문한 사람이 어떤 것에 매력을 느꼈는지, 여행업계를 지망하는 저에게는 매우 흥미로운 점입니다.

저 자신도 일본에 여러 번 여행을 갔던 경험이 있고, 모두 좋은 기억뿐입니다. 일본은 어느 지역에 가도 안심하고 여행을 즐길 수 있다는 이미지와 지역마다 유명한 것이 있고, 화제의 음식이 있습니다. 그런 지방마다의 매력이, 재방문자(리피터)를 부르는 것이 아닐까 생각합니다.

Q1. 이 사람이 기사 중에서 특히 흥미를 가진 점은 무엇입니까?
Q2. 두 번 이상 일본을 찾는 사람이 많은 이유에 대해서, 이 사람은 어떻게 생각하고 있습니까?

상황 ❷ ▶ 실패한 경험

초등학교 4학년부터 3년간 미국에 살고 있었음에도 불구하고 대학에 들어가 처음 치른 TOEIC에서 목표 점수를 받지 못했습니다. 주변 친구들보다 말할 수 있다는 자신감에 그다지 계획적으로 공부하지 않았기 때문이라고 생각했습니다.

이 실패를 딛고, 매일 영어 뉴스를 듣고, 해외뉴스 기사를 읽는 등, 매일 의식적으로 영어를 접하였습니다. 그 결과 대학에서 파견 유학생으로 선발되었습니다. 유학하던 곳에서는 좀더 원어민 친구를 늘리기 위해 대학 댄스동아리에 들어갔습니다. 그리고 귀국 후에는 TOEIC 점수도 유학을 떠나기 전과 비교해 80점이 올랐습니다.

이 경험을 통해, 자신 있는 일도 현재 상태에 만족하지 않고, 항상 배우려는 마음을 잊지 않고 노력하는 것의 중요성을 알게 되었습니다.

Q1. 목표 점수를 따지 못한 이유가 무엇이라고 말하고 있습니까?
Q2. 이 사람의 "자신 있는 일"이란 무엇입니까?

8과 | 자기PR

상황 ❶ ▶ 신입 지원자의 자기PR

일에 도움이 될 능력을 재학 중에 갖추고자 문서작성과 표 계산 소프트웨어에 관련된 자격증에 도전하여 반년간의 공부 끝에 취득할 수 있었습니다. 이 지식과 스킬은, 서클 활동의 회계 업무와 새로운 멤버 영입 전단지 제작, 세미나 프레젠테이션 자료 작성 등에 도움이 되고 있습니다.
또, IT업계 취업을 진지하게 생각하게 된 뒤로는, 전공 공부와 함께 전문 과정을 다니며, 정보처리기사 자격증을 취득했습니다.
이 두 자격증의 합격을 통해 꾸준히 쌓아 나가는 중요성을 실감함과 동시에 하면 된다는 자신감을 더욱 갖게 되었습니다. 현재는, 회사에서의 업무를 위해 일본어 실력 향상은 물론, 오자 등의 실수를 하지 않으려고 한자검정 공부를 시작했습니다. 목표는 다음 시험에서 2급에 합격하는 것입니다.

Q1. 이 사람이 지금까지 취득한 자격증은 무엇입니까?
Q2. 자격증 관련 이야기를 통해서 어떤 점을 어필할 수 있는지 생각해 봅시다.

상황 ❷ ▶ 경력 지원자의 자기PR

저는 4년간 프로그래머로 근무하였으며, 50개 이상의 프로젝트에 참여하였습니다. 스마트폰 앱 프로젝트에서는 멤버 수십 명인 팀에 메인 프로그래머 중 한 사람으로 참가해, 과금 기능의 개발과 함께 유지 보수도 맡았습니다. 오픈 이후에 발견된 버그 긴급 대응 등 값진 경험도 그곳에서 쌓을 수 있었습니다.
프로젝트 마감일까지 확실히 작업을 끝내는 것은 물론이지만, 프로그램을 인수하는 담당자가 쉽게 확인할 수 있도록 노력하였습니다.
단기간에 마무리하는 소규모 프로젝트에 자신이 있으며, 실수로 인한 재작업이 발생한 적은 없습니다.

Q1. 이 사람이 지원한 업종은 무엇입니까?
Q2. 프로젝트에서 어떤 일을 담당했다고 말하고 있습니까?